L'ÉCOLE FRANÇAISE

EN 1814

L'ÉCOLE FRANÇAISE

EN 1814,

OU

EXAMEN CRITIQUE

DES OUVRAGES DE PEINTURE, SCULPTURE, ARCHITECTURE ET GRAVURE,

Exposés au Salon du Musée Royal des Arts;

PAR R. J. DURDENT.

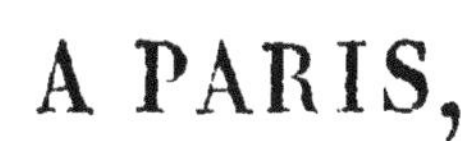

A PARIS,

Chez …rtinet, Libraire, rue du Coq St.-Honoré, n° 4;
Delaunay, Libraire, Palais-Royal, galeries de bois;
Et les Marchands de nouveautés.

1814.

DE L'IMPRIMERIE DE FEUGUERAY,

RUE PIERRE-SARRAZIN, N° 11.

INTRODUCTION.

Ce Salon était attendu avec impatience, mais aussi avec quelque inquiétude. On était bien assuré que les talens des artistes ne seraient plus employés à retracer des massacres, des embrasemens, et que, sur la toile comme en réalité, le démon de la destruction n'exercerait plus son funeste empire. On se flattait que du moins quelques peintres, quelques dessinateurs doués d'un talent facile exprimeraient les traits chéris du Roi et des personnes de la famille royale. On ne désespérait même pas de voir, ne fût-ce qu'en esquisses, quelques-uns des événemens qui ont signalé un retour si ardemment desiré, si long-temps attendu.

Mais, d'un autre côté, que les artistes avaient eu peu de temps pour exécuter quelques ouvrages dignes de pareils sujets! Avant la grande et décisive époque du 31 mars, qu'avaient-ils pu faire pendant un grand nombre de mois? Protogènes jadis peignit, dit-on, tout à loisir de très-bons tableaux, tandis que Rhodes était assiégée; mais Protogènes, retiré dans un faubourg, loin du bruit des armes, n'avait pas à craindre toutes les angoisses que, dans Paris, les artistes ont partagées avec le reste des habitans. Le peintre grec et ses compatriotes n'étaient pas sans cesse tourmentés par des lois oppressives; ils ne voyaient pas, comme nous, s'amonceler, s'avancer un orage dont la fureur pouvait nous anéantir. Ils ne voyaient pas leur ville devenue le but avoué de la plus formidable des coalitions, et ayant à redouter les plus terribles représailles.

Des deux époques dont se compose notre histoire depuis le dernier Salon, aucune ne pouvait donc flatter entièrement les amis des arts; cependant il fallait exposer aux regards du Roi et des Princes des ouvrages dignes d'attirer leur attention; il fallait prouver à une immense quantité d'étrangers que l'école française était digne de sa renommée. Il fut question d'abord de n'ouvrir le Salon qu'au printemps prochain : j'ignore pour quelles raisons cette mesure ne fut pas adoptée. Il restait la ressource assurée de donner à chaque artiste la permission de remettre sous les yeux du public quelqu'une de ses productions déjà exposées. On a pris ce parti avec un grand succès ; et certes, quiconque n'a pas vu les trois ou quatre Salons immédiatement antérieurs à celui-ci, ne peut qu'être fort satisfait, et que s'étonner de ce que notre école possède dans tous les genres tant d'artistes d'un mérite incontestable.

Mais il se présentait ici pour les critiques un sujet d'embarras. Il leur fallait ou parler d'ouvrages déjà connus et analysés, ou ne donner du Salon de 1814 qu'une notice partielle. Il m'a semblé que le seul moyen d'éviter ces deux inconvéniens était de ne faire que rappeler les ouvrages déjà connus, en ne s'attachant même qu'aux plus capitaux, et de réserver pour les productions entièrement nouvelles les descriptions et les examens plus détaillés. C'est d'après ce principe que j'ai écrit sur des arts dont je connais toutes les difficultés; m'efforçant de concilier les justes égards dus à ceux qui les cultivent, avec ce respect invariable pour la vérité, sans lequel la critique, au lieu d'être utile, n'est plus, je tranche le mot, qu'un métier d'homme oisif, assez peu honorable pour celui qui l'exerce.

J'ai desiré que cette brochure fût une espèce de répertoire que l'on pût dans la suite consulter avec confiance, pour savoir ce qu'étaient les arts parmi nous dans une année si mémorable. Je me propose, tant que j'existerai, de lui donner une suite tous les deux ans, à moins que des obstacles insurmontables, et que maintenant je ne prévois pas, ne viennent m'en empêcher.

J'ai adopté pour les tableaux une classification simple, selon les sujets et les genres. Cet ordre m'a paru plus méthodique et plus facile à saisir par les lecteurs, que celui dans lequel on parle successivement de toutes les productions de chaque artiste.

L'ÉCOLE FRANÇAISE

EN 1814.

Sujets tirés de l'Histoire de France.

JE prie les Grecs et les Romains de vouloir bien m'excuser ; mais puisque nous sommes enfin redevenus Français ; puisque nous pouvons être de nouveau heureux et fiers de porter ce titre, c'est par notre histoire que je commencerai cet examen.

En suivant la classification alphabétique, je vois d'abord le bon Henri mis en scène par une dame. C'est un double avantage et un heureux début, car le tableau mérite des éloges.

Il représente (nº 9) *Henri* IV *racontant à Elisabeth les malheurs de la St.-Barthélemi.* Malheurs, soit ; il y a sans doute eu une intention marquée dans le choix d'une expression si faible. Appartiendrait-il, en effet, à la génération présente de trop appuyer sur les *crimes* de ses aïeux ?

Observons que l'artiste a pris pour guide, non l'histoire, mais le poëme de Voltaire, qui, malgré ses défauts, sera toujours un si noble monument à la gloire de Henri. Ce roi des braves ne quittait pas son armée : peut-être une mission si importante à remplir aurait-elle pu l'y déterminer ; mais enfin il ne sortit point de France, et trouva dans Duplessis Mornay un digne représentant.

L'action du tableau est simple, et c'est pour louer l'artiste que j'en fais la remarque. Debout, en face de la reine, et accompagné d'un de ses guerriers, de Mornay, sans doute, Henri a commencé son funeste récit. Déjà la fille du réformateur Henri VIII, l'ennemie des catholiques, laisse éclater sur son visage des marques d'une indignation profonde. Tout est sage et juste dans cette composition. Le dessin ne manque pas de correction, et la couleur est vigoureuse; de sorte que le plus grand reproche que, selon moi, l'on doive faire à l'auteur, c'est d'avoir gardé l'anonyme. Quelques raisons qu'ait eu Madame** pour agir ainsi, elle a donné une leçon indirecte à plusieurs artistes de son sexe, et même du nôtre.

En m'exprimant ainsi, ce n'est pas de madame Auzou que je veux parler. En possession de plaire aux spectateurs, elle a mis de nouveau sous leurs yeux son joli tableau de *Diane de France avec le jeuné Montmorency*. Ici commence l'obligation que je me suis imposée de ne revenir qu'en passant sur les ouvrages connus, et ce n'est pas sans regrets que je prends ce parti; mais, parvenu aux *tableaux de genre*, j'aurai occasion d'entretenir les lecteurs de deux compositions *nouvelles*, dues au pinceau de madame Auzou.

Puisque Henri IV se retrouve dans un paysage de M. Boischard (n° 117), il me paraît l'élever au rang des productions historiques. Le trait qu'il représente est admirable, même dans la vie de Henri. Un capitaine de ligueurs, nommé Michau, a feint d'abandonner leur parti pour les délivrer, par un abominable assassinat, de leur ennemi le plus redoutable; mais ce n'était pas lui qui devait consommer le forfait. Henri est heureusement informé du projet de ce scélérat; il s'enfonce seul avec lui dans une forêt. « Capitaine Michau, lui dit-il, vous avez là un cheval qui paraît vigoureux ; descendez, je veux l'essayer ». Michau obéit : alors, saisissant deux pistolets placés à l'arçon de la selle. «Michau, ajoute Henri, voulez-vous donc tuer quelqu'un ? On m'a dit que vous en vouliez à mes jours : me voici maître des vôtres.....» A ce mot, il tire les deux coups en l'air. Michau balbutie quelques excuses, et dès le lendemain disparaît de l'armée royale. Heureux si le remords et l'admiration l'eussent porté à jurer à un tel souverain une fidélité sans bornes ! Peut-être craignait-il de ne pas inspirer la confiance. Il n'appréciait pas, malgré cette aventure, tout ce qu'il y avait de grandeur dans l'âme de Henri.

Le paysage de M. Boischard est vaste et bien traité. Quant aux figures, elles sont d'une trop petite proportion pour que les expressions en soient bien développées. L'action de Henri est exprimée convenablement ; mais la figure de Michau, vue de face et enfonçant sa tête dans ses épaules, a quelque chose de la caricature. Au total, quoique ce tableau soit bon, rien n'empêche, je crois, que l'on ne reproduise encore sur la toile un sujet si intéressant.

Près d'aller combattre les Anglais, Charles VII traça sur le pavé d'un château, avec la pointe de son épée, ces vers-ci :

> Gente Agnes qui tant loin m'évance,
> Dans le mien cuer demorera
> Plus que l'Anglais en notre France.

Déjà M. Richard s'était emparé de ce sujet, et en avait tiré un de ses meilleurs petits tableaux (On le revoit cette année sous le n° 785). Mademoiselle Bouteiller ne s'est pas contentée de représenter le roi, elle a placé près de lui (n° 146) la beauté qui inspira ce madrigal, plein tout à la fois de sentiment et d'héroïsme. L'idée était bonne; mais une bonne idée ne suffit pas pour faire un bon tableau; il faut encore de la correction dans le dessin, de l'harmonie dans la couleur.....Mais, ou je serais bien trompé, ou mademoiselle Boutiller offre pour la première fois ses ouvrages au public; on ne saurait être trop circonspect avec les talens qui débutent; d'ailleurs, je ne voudrais pas affliger une artiste dont l'ouvrage n'est pas sans mérite, et qui a su choisir un sujet tout propre à être exécuté par le pinceau d'une dame.

D'autres peintres ont cherché long-temps, peut-être, les moyens de nous émouvoir, en feuilletant soigneusement nos annales. Vous y êtes parvenu, vous, M. F. J. Garnerey, sans tant de peine. Vous avez retracé (n° 411) une circonstance épisodique d'un fait qui, pour la honte et le malheur de la France, doit à jamais flétrir son histoire.

Une terrasse étroite est environnée de tourelles, dont les toits sombres et élevés en pointes interceptent à la vue toute communication au-dehors; elle ne peut s'y porter que vers le ciel. Là, un roi, un juste, bientôt un martyr; là, le second saint de son nom et de sa race; là, enfin, celui que l'on a déjà nommé, Louis XVI, captif d'une horde de rebelles, est déjà séparé de sa famille captive. Il avait la permission de venir quelquefois méditer sur ses maux si peu mérités, et sur ceux de la France, dont son âme céleste était encore plus touchée. L'artiste s'est profondément pénétré de tout ce qu'un tel sujet de tableau avait de sublime dans sa simplicité. Rien d'affecté, rien d'inutile dans sa composition. Le roi est debout, la main gauche appuyée sur l'un des créneaux. Sa physionomie est calme, majestueuse, ressemblante; cette ressemblance s'étend même à la taille et au port de la figure. C'est en un mot un très-bon portrait en pied. Le coloris est vrai, suave, et le dessin fort correct. Le fond et les accessoires ne m'ont point paru moins bien peints. Je sais que quelques personnes, dont l'opinion mérite d'être pesée, trouvent les tourelles et les créneaux un peu trop sombres. Pour moi, je serais fâché qu'ils eussent été tenus d'un ton plus clair : l'effet du tableau y eût perdu quelque chose. Tel a été aussi, je pense, le sentiment de l'artiste; et puisqu'il avait eu le *courage* de retracer un sujet si douloureux, il ne pouvait rien de mieux que de tout faire concourir au but qu'il avait d'attrister profondément les spectateurs. Ce tableau est un des plus remarquables du Salon; et la foule qui le contemple, l'air dont elle le contemple prouvent assez la vérité de ce que j'avance.

Passons au tableau nº 533. Ce n'est pas qu'il ait rien de bien attrayant : M. Ingres, son auteur, ne l'a pas voulu ainsi. Deux figures se détachent sur un fond bien noir, aussi sèchement que dans le plus sec des tableaux de vieux maîtres, naguère exposés au Salon. L'une de ces figures s'agenouille et baise une épée portée par un page : c'est l'ambassadeur d'Espagne, Don Pèdre, qui, dans la galerie de Fontainebleau, rend cet hommage *« à l'épée la plus glorieuse de la chrétienté »*, à l'épée de Henri IV.

Il faut convenir que M. Ingres a pris un singulier parti pour être original. Depuis le temps où il remporta le premier prix, on ne cesse de reconnaître qu'il est doué d'un talent très-réel ; mais en même temps on lui crie que la perfection de l'art ne peut pas être atteinte par un artiste qui se plaît à suivre une marche rétrograde ; que les maîtres gothiques, bons pour leur temps, ont été surpassés, et qu'il n'y a nul avantage à nous reporter vers l'époque de l'enfance de l'art. Conseils inutiles ! peines perdues ! M. Ingres ne tient compte de rien. J'avoue, pour ma part, que je le crois incurable, et j'en donne une preuve sans réplique ; c'est qu'à chaque exposition nouvelle, il paraît de plus en plus fortifié dans son système. Ce tableau, et un autre dont je parlerai plus tard, ne permettent pas d'en douter.

Sous le rapport de l'art, il n'est pas possible d'imaginer un contraste plus absolu qu'entre les tableaux de M. Ingres et ceux de M. Laurent, auteur d'une assez grande composition représentant *Bathilde, veuve de Clovis* II, *qui rend la liberté à de jeunes esclaves* (578). Cette bonne princesse était, nous dit l'histoire, d'une rare beauté. M. Laurent est assez familiarisé avec les idées de beauté pour que cette donnée ne l'ait pas effrayé; mais distinguons. Le genre de beauté qu'il réussit à bien peindre n'a rien de commun avec la grande et belle pureté des formes antiques. Toutes ses figures sont jolies, et je ne sais s'il lui serait possible de les représenter autrement. Il y a entre sa couleur, son dessin et son exécution un rapport remarquable. Le rose domine dans ses carnations, et pour le fini, ses tableaux peuvent défier les miniatures les mieux pointillées. Or, comme ses sujets sont en général bien choisis, que sa composition annonce toujours un homme d'esprit, il ne faut pas s'étonner si ceux qui n'ont pas les yeux sans cesse fixés vers la perfection, si le plus grand nombre des spectateurs *raffole* de ses petits tableaux.

Quelque agréables que soient tous ces petits minois, j'aime mieux m'arrêter devant le n° 580. A quoi donc a songé cette fois M. Laurent ? Il n'y a qu'une seule figure dans ce tableau, et ce n'est pas celle d'une jolie femme, c'est celle d'un homme. Oui, et d'un homme dont l'existence mystérieuse a fait faire bien des conjectures (1), car c'est l'infortuné connu seulement sous le nom de *Masque de fer*. Une tradition généralement répandue porte que quand il était enfermé à l'île Sainte-Marguerite, il écrivit un jour quelques mots sur une assiette d'argent et la jeta par la fenêtre de sa prison. Un pêcheur trouva l'assiette ; mais craignant d'être accusé de l'avoir volée, il s'empressa de la remettre

---

(1) Ces conjectures cesseront et le fait sera expliqué autant qu'il peut l'être pour quiconque lira attentivement ce que Voltaire dit du Masque de fer dans les dernières éditions du Siècle de Louis XIV. On verra qu'à moins de dire : ce personnage fut le fils de . . . et de . . . , il était impossible de le désigner plus clairement.

gouverneur. Celui-ci pâlit à la vue de ce qui était gravé sur l'assiette, et ne renvoya le pêcheur qu'après s'être bien convaincu qu'il ne savait pas lire.

Dans le tableau de M. Laurent, le Masque de fer, malheureux d'être né, mais nullement coupable, trace avec un couteau les mots qui peuvent servir à dévoiler le secret dont il est la victime innocente. Il est assis et placé en face de la fenêtre; derrière lui une table est couverte de mêts et de vases précieux. Le masque dont on lui permettait de se débarrasser quand il était seul, est attaché au lambris de l'appartement; mais le peintre n'a pas plus voulu que les historiens satisfaire la curiosité. De grosses boucles de cheveux retombent sur le visage, qui est penché; et un œil, le haut du nez sont tout ce que l'on peut apercevoir. J'ai déjà dit qu'on trouvait toujours dans les tableaux de M. Laurent quelque idée spirituelle. Celui-ci se recommande, en outre, par une bonne couleur, un effet bien saisi. Je ne serais pas surpris que les artistes et les vrais connaisseurs ne le préférassent à beaucoup d'autres du même peintre, qui, en revanche, obtiendront plus les suffrages des gens du monde?

Saint-Louis, avant son départ pour la Terre-Sainte, reçoit à Saint-Denis l'oriflamme. Tel est le sujet du tableau exposé sous le n° 587 par M. Le Barbier l'aîné. Il est destiné à faire partie de la collection de sujets relatifs à cette abbaye, et dont sa sacristie sera décorée. Par malheur, ces ouvrages rappelleront à la postérité qu'ils ne sont qu'une expiation.... Mais échappons, s'il se peut, à des souvenirs odieux. Les sujets retracés n'offrent rien que de grand et d'honorable pour nos annales. Déjà, dans un chef-d'œuvre, M. Gros nous a montré le loyal François 1er introduisant dans Saint-Denis ce Charles-Quint, long-temps son dangereux adversaire. MM. Meynier, Garnier, Monsiau, ont enrichi cette collection d'ouvrages qui méritèrent d'être distingués à la dernière exposition, et que l'on retrouve à celle-ci sous les nos 702, 416 et 714. M. Le Barbier l'aîné avait à traiter un sujet très-heureux, très-pittoresque. En a-t-il tiré parti? Je ne peux, comme je le voudrais, répondre par l'affirmative. Sa composition est assez sage, assez expressive; le dessin est assez correct;

mais ce qu'il a fait de *bien* n'empêche nullement de desirer un *mieux*. L'ouvrage pèche surtout par un défaut général d'harmonie, et par la reproduction de certaines formes de têtes, adoptées depuis bien long-temps par l'artiste. Au reste, il n'est pas du nombre de ceux à qui les conseils peuvent être de quelque utilité. Il a une manière à lui, et ne pourrait peut-être pas en changer lorsqu'il le voudrait : c'est une raison décisive pour que je ne m'occupe pas davantage de son tableau.

Je passe à celui que M. Menjaud a exposé sous le n° 696. Nouvel embarras, ou plutôt embarras encore plus grand. Tout le monde eût voulu que ce tableau fût le meilleur de la collection, puisqu'il représente *S. M. Louis XVIII ordonnant la continuation de l'église royale de Saint-Denis. Monsieur*, comte d'Artois, et *Madame*, duchesse d'Angoulême, accompagnent le Roi. Quelle heureuse occasion pour un artiste de retracer des traits augustes et vénérés! M. Menjaud y est-il parvenu; son tableau ne laisse-t-il pas beaucoup à desirer? Que d'autres fassent les réponses. J'éprouve, comme tous les spectateurs, une sorte de chagrin de ce que l'artiste ait tant à redouter la critique; et je me hâte de rappeler qu'on doit à M. Menjaud les excellens tableaux de *Henri* IV *chez Michaud*, et d'*une jeune femme près de son fils expirant* (nos 694 et 695).

Le sujet et la dimension du n° 713 me font penser que ce tableau est également destiné à l'église de Saint-Denis. Il représente ce saint *prêchant dans les Gaules*. M. Monsiau, dans son *couronnement de Marie de Médicis*, avait rappelé très-fortement le tableau de Rubens (galerie du Luxembourg); mais de manière qu'on ne pût guère l'accuser de plagiat. Il a fait exactement ici la même chose, à l'égard du tableau de Vien, que l'on voit à Saint-Roch. L'ensemble, le premier aspect des deux compositions est le même; mais dans les détails, la ressemblance n'existe plus. Or, comme la composition de Vien est bonne, et que M. Monsiau a un talent très-réel pour bien disposer ses groupes, il en résulte que le tableau de ce dernier est fort agréable. Quant aux autres parties de l'art, la manière de M. Monsiau s'y retrouve en entier; ce sont toujours des figures un peu courtes, des têtes assez expressives, mais qui se ressemblent un peu, un coloris clair et une exécution facile.

Une saillie de Henri IV a fourni à M. Lecomte le sujet du tableau n° 602. Harangué par un maire de petite ville, ou si on l'aime mieux, par un bailli de village, car ces pauvres baillis sont en possession de jouer tous les personnages ridicules, Henri était un peu fatigué de la verbeuse éloquence du magistrat, lorsque, par aventure, un âne se mit à braire : « Messieurs, dit le Roi, parlez, je vous prie, l'un après l'autre ». Le trait est joli à lire; mais, de bonne foi, peint-on un bon mot? Sans le livret, il est impossible de voir autre chose dans le tableau de M. Lecomte qu'une harangue adressée à Henri IV, à la porte d'une petite ville. On n'imagine pas combien d'artistes se sont fourvoyés et se fourvoient encore tous les jours en voulant faire exprimer des *paroles* à la peinture, qui ne peut rendre que des *actions*. Au reste, le tableau de M. Lecomte n'est que l'occasion de cette remarque, à laquelle je ne veux pas donner ici les développemens dont elle est susceptible. Ce sont surtout les peintres d'histoire qu'il faut blâmer en pareil cas.

Pour M. Lecomte, il a égayé par le souvenir d'un bon mot une composition fort agréable; il n'y a pas de quoi diriger sur lui la grosse artillerie de la critique. Il a de plus, selon son usage, bien dessiné et bien groupé ses figures, et il a encore très-bien fait. Cet artiste est toujours un de ceux qui savent le mieux réunir les suffrages en leur faveur. J'ose affirmer qu'il ne perdra point cette année une si bonne coutume. Mieux vaut réussir dans un genre secondaire que d'aspirer au premier rang, pour ne faire que tomber d'une plus grande hauteur.

Encore Henri IV! eh! qui peut s'en plaindre? Ce n'est pas lorsque l'on retrace un des traits de sa noble vie qui l'honorent le plus. Il assiégeait Paris, lorsqu'on lui amena deux paysans qu'on allait pendre pour avoir voituré des vivres aux assiégés. Comment eût-il consenti à cet acte d'une justice rigoureuse? il se fût condamné lui-même. Ne fût-ce pas pendant ce même siége qu'il permit à ses officiers, à ses soldats, de nourrir les rebelles, et qu'il se vit ainsi obligé de retrograder devant le duc de Parme? Il aimait mieux « n'avoir point de Paris que de l'avoir souffrant et dévasté par suite des maux de la guerre ».

Pour revenir au trait qui nous occupe, il acorda la vie aux paysans ; d'autres l'eussent pu faire comme lui ; il leur donna de l'argent ; et l'histoire offre à notre admiration plusieurs traits d'une semblable générosité : mais les bons rois ont toujours quelque chose de particulier, de caractéristique ; il ajouta : « allez en paix ; si le Béarnais en avait davantage, il vous le donnerait ». Et voilà tout Henri IV dans cette preuve naïve d'une inépuisable bonté.

Mademoiselle Le Duc a bien rendu ce trait (n° 607) ; l'expression des figures est juste, et elles sont assez correctement dessinées. Ce tableau, et le n° 608, où *la Belle Ferronière brode une écharpe à François* 1er, offrent des témoignages irrécusables des progrès de cette artiste. Celui où *un maçon prédit à madame de Maintenon, alors veuve Scarron, sa grandeur future*, leur est bien inférieur ; et après l'avoir exposé, il y a deux ans, l'artiste ne nous l'a sans doute montré cette année (n° 609) que comme point de comparaison.

C'est par deux tableaux d'une proportion moyenne, mais remplis d'un grand nombre de figures, et offrant des sujets nationaux, que M. Lemonnier soutient cette année un nom estimé dans l'école. L'un (n° 629) représente *François 1er recevant dans la salle des Suisses, à Fontainebleau, le tableau de la Sainte-Famille que Raphaël avait exécuté pour lui.* Ces compositions où l'artiste, au moyen de quelques licences très-permises, réunit un grand nombre de personnages contemporains, sont devenues à la mode depuis quelques années, et presque toujours elles ont eu du succès. Le tableau de M. Lemonnier ne tiendra point dans cette suite une place médiocre. Son sujet est sagement et nettement rendu. Le monarque, dont les arts font bien de reproduire les traits, parce qu'ils lui ont de grandes obligations, est assis devant l'un des chefs-d'œuvre du premier des peintres; il se tourne vers Léonard de Vinci, que ses bienfaits ont fixé en France, et lui montre avec un enthousiasme bien exprimé l'ouvrage qu'il se félicite de posséder. Léonard, dont le caractère fut très-élevé, et qui se sentait assez grand pour ne pas être jaloux, joint ici son approbation à celle du Roi; d'autres artistes célèbres, nés en Italie, tels que le Primatice et Serlio ; des Français, qui dès-lors assuraient la gloire de notre école, Jean Cousin et Jean Goujon sont aussi présens. Parmi les personnages de la cour, il est impossible de ne pas distinguer l'aimable et spirituelle reine de Navarre, digne sœur de François 1er.

Toutes les figures sont disposées avec goût, avec simplicité, et j'avoue que le seul reproche un peu grave à faire à ce tableau me paraît devoir porter sur les carnations, en général un peu trop vives, à commencer par celle du Roi. Le temps fera disparaître une partie de ce défaut. Au reste, comme ce n'est pas un faible mérite pour un peintre que de copier et de réduire la Sainte-Famille de Raphaël, on doit faire honneur à M. Lemonnier d'y avoir bien réussi.

Son nº 628 me paraît bien moins heureusement composé; il représente *la Lecture de l'Orphelin de la Chine dans le salon de madame Geoffrin.* Là sont réunis tous les personnages qui ont illustré le milieu du dernier siècle. L'assemblée est brillante. C'est le Kain qui, comme de raison, s'est chargé de déclamer l'ouvrage défectueux, sans doute, mais où étincellent tant de beautés d'un homme de génie déjà vieux. Autour de lui sont Buffon, Montesquieu, Helvétius, madame Dubocage, Saint-Lambert, et tant d'autres dont les noms sont plus ou moins révérés de la postérité. Afin qu'on n'appliquât pas à Voltaire absent le fameux passage de Tacite : *prœfulgebant*, etc., l'artiste a placé son buste sur un piédestal : il domine en quelque sorte la réunion.

On aime à s'arrêter devant tous ces portraits, qui du moins ne représentent pas des inconnus; peut-être même les femmes élégantes n'éprouvent-elles pas peu de plaisir à pouvoir critiquer les falbalas et les petits bonnets de leurs grand'mères ; mais ceux qui veulent, dans un tableau composé de beaucoup de figures, des groupes, des repos pour l'œil, sont ici fort *désappointés*. Ce sera, si l'on veut, une imitation très-exacte de ce qui se voit en pareille circonstance; mais l'art voulait quelque chose de plus, et l'on était en droit d'attendre de M. Lemonnier une disposition plus pittoresque.

J'hésite à placer au nombre des compositions historiques le tableau suivant : il représente (n° 632) *mademoiselle de Clermont.* Ayant promis d'épouser le duc de Melun, elle traverse, à deux heures du matin, la cour de Chantilly. Lorsqu'elle passe aux pieds de la statue du grand Condé, son aïeul, un pan de sa robe s'accroche aux ornemens; elle se retourne avec frayeur, et croit que le héros, blâmant sa démarche, lui jette un coup d'œil sevère.

Tout le monde se rappelle cet instant qui produit tant d'effet dans la nouvelle de madame de Genlis : mais cette dame a-t-elle eu le bonheur d'inventer cette circonstance d'une aventure tragique, dont le fond est vrai? ou cet accident, fort possible, fort naturel, a-t-il en effet eu lieu? Voilà sur quoi porte mon scrupule, parce que je ne peux pas m'assurer dans ce moment si madame de Genlis a mis ou non le mot *historique* au bas de la page. Quoi qu'il en soit, le tableau, dont l'auteur est M. le Prince de Crespy, rend très-bien la situation. Quoique la figure de la princesse soit d'une fort petite proportion, toute son attitude peint bien la frayeur. Il faut louer aussi la manière dont la lumière mélancolique de la lune est rendue; mais la statue du grand Condé, qui n'est pas ici un simple accessoire, me paraît très-défectueuse. Jetée dans un coin du tableau, vue de profil et d'un dessin très-faible, pour ne rien dire de plus, elle nuit à cette composition, du reste fort agréable, qu'elle aurait pu et dû contribuer à embellir.

C'est sans doute un événement historique de la plus haute importance que celui dont nous fûmes témoins avec tous les transports de la joie la plus vive, le 3 mai dernier. Alors un roi fut rendu à sa grande famille, si longtemps privée des bienfaits de sa présence et livrée à tous les maux dont son éloignement l'avait accablée. Alors les rejetons précieux d'une race auguste, qui pendant tant de siècles fit notre bonheur et notre gloire, nous furent rendus pour ne plus nous quitter. L'immense étendue d'un tel sujet semble interdire à nos peintres d'histoire la faculté de le retracer, du moins dans tout son ensemble. Plus heureux, les peintres de *vues*, les dessinateurs, peuvent en donner du moins l'idée, l'aperçu général. Deux artistes habiles en ce genre, MM. Melling et Bagetti, s'en sont emparés et m'ont paru avoir bien réussi.

M. Bagetti a choisi (nº 26) l'instant où la calèche du Roi va entrer dans la grande cour des Tuileries. Le château, surmonté du drapeau sans tache, sert de fond aux figures dont la quantité est vraiment immense; de sorte qu'en se bornant à les indiquer spirituellement, l'artiste est parvenu, non pas à rendre à-peu-près et avec des licences permises, le moment représenté, mais à le retracer de la manière la plus satisfaisante.

M. Melling a saisi (nº 685) l'instant où le Roi passe devant la statue de son aïeul Henri IV. Tout l'emplacement du Pont-Neuf est retracé dans sa gouache avec une vérité parfaite. On reconnaît jusqu'aux accessoires, et les figures, un peu plus grandes que celles de l'autre tableau, ont, dans leur petitesse, de la vie et une sorte d'expression. L'unique reproche que l'on pourrait faire à l'artiste, serait d'être par endroits un peu cru; mais on doit avoir égard aux difficultés du genre. Les gravures de ces deux tableaux ne pourront manquer d'avoir un grand succès. Elles serviront à consoler les absens, et à leur donner l'aspect général d'un spectacle enchanteur auquel toute la France eût voulu prendre part.

C'est à M. Meynier que l'on doit cette année le plus vaste des tableaux dont notre histoire ait fourni les sujets. Il représente *la naissance de Louis XIV*, événement qui, à plus d'un titre, doit nous intéresser. En nous rappelant un monarque dont le règne fut si glorieux pour la France, il nous remet en mémoire que la naissance d'un prince si desiré eut lieu seulement vingt-deux ans après le mariage de Louis XIII et d'Anne d'Autriche. Le ciel alors exauça les vœux ardens de toute la France; le ciel pourrait-il être insensible à des prières non moins ardentes, à des desirs non moins légitimes?

M. Meynier a choisi pour retracer son sujet un genre qui m'a toujours semblé froid et faux, l'allégorie. A mon opinion, et c'est dans les arts celle de plus d'un bon critique, rien n'est moins raisonnable que ce mélange de personnages réels et de figures fantastiques. Passe encore si *toutes* les figures du tableau étaient allégoriques; on pourrait alors développer avec esprit, avec génie même, quelque grande idée, quelque vérité morale. C'est ce que fit Appelle dans son tableau de *la Calomnie*; mais quel amalgamme que celui de nos personnages modernes, vêtus plus ou moins selon la mode de leur temps et de leur pays; et de divinités demi-nues!

Mais Rubens, mais le Brun, mais la galerie du Luxembourg et celle de Versailles! que d'idées poétiques vous condamnez!

Je crois sentir comme un autre le prodigieux mérite de Rubens et celui de ce le Brun qu'aujourd'hui l'on me paraît trop rabaisser. Toutefois, que l'on se rappelle quelles sont leurs plus belles compositions; on verra que ce ne sont pas des allégories. On reconnaîtra que dans le célèbre tableau de l'*accouchement de Marie de Médicis*, c'est l'expression sublime de la figure de la reine que l'on admire, et non ces personnages du paganisme, tenant près de Marie une place qui serait bien mieux occupée par Henri IV, époux et père, par ses compagnons d'armes et par les membres les plus distingués de ses conseils.

Avouons pourtant, afin de ne pas prolonger la discussion, et de revenir au tableau de M. Meynier, que ce qu'il y a de plus choquant dans les allégories n'existe pas dans la sienne. La seule figure historique est celle du jeune prince nouveau-né. Comme il est entièrement nu, il n'y a plus d'inconvénient à ce qu'il se trouve parmi un grand nombre de figures drapées à l'antique. Voici cette composition.

Junon Lucine, à qui le peintre a donné des traits fort nobles, remet le jeune Louis aux mains de la France, reconnaissable à sa couronne et à son manteau bleu fleurdelisé. Plusieurs divinités répandent des fleurs sur l'enfant, et les muses commencent à faire entendre pour lui leurs concerts. Sur deux inscriptions, l'une indique l'époque de la naissance de Louis XIV, ce qui est peut-être une manière un peu trop simple de mettre le spectateur au fait. L'autre, que tiennent des génies, porte les mots *à Deo datus*, que je me permettrai de considérer comme à-peu-près inutiles. J'ajoute encore (car ce n'est pas avec un artiste comme M. Meynier que la critique doit se piquer d'indulgence; ce serait presque méconnaître son beau talent); j'ajoute, dis-je, que ces deux inscriptions en gros caractères me paraissent, sous le rapport pittoresque, produire un assez mauvais effet.

Il faudrait que l'on n'eût jamais rien vu de l'artiste pour demander si les figures sont bien dessinées. M. Meynier est sans contredit un des peintres actuels qui dessinent avec le plus de noblesse et de correction ; il a même pour les figures de femme ajustées dans le style antique, un choix de formes et un goût de draperies qui se trouvent ici fort heureusement reproduits.

Si les expressions n'ont rien de bien remarquable, on doit avouer que le sujet n'en comportait que de douces, et que, sous ce rapport, le but de l'art est encore atteint. L'est-il sous le rapport du coloris? Ici, je crois qu'il faut distinguer. Les carnations en général sont de teintes assez suaves; mais l'artiste a, pour les couleurs des draperies, adopté un parti singulier. Il consiste à varier, à rompre, à rapprocher pour ces draperies un grand nombre de teintes, de sorte qu'elles offrent des variétés beaucoup plus grandes que celles des tons de l'arc-en-ciel. Or, comme le sujet se passe en plein air, et qu'ainsi le peintre s'est interdit les masses d'ombres trop vigoureuses, il en résulte un aspect général qui, sans déplaire, fatigue un peu la vue. Quoi qu'il en soit, ce tableau, exécuté avec la plus grande facilité, offre assez de beautés pour soutenir la réputation de son auteur.

Une autre allégorie représente, sous le n° 732, *le retour du Roi.* S. M. s'y trouve placée entre trois figures allégoriques de femme. Après ce que je viens de dire, je n'aurais que des remarques peu favorables à faire de cette composition. La manière dont les figures sont exécutées, le peu de ressemblance du portrait n'offriraient aucun moyen de racheter ces remarques par quelques éloges. J'aime donc mieux, en considération des excellentes intentions de M. Pajou, et par égard pour son nom, passer vite à quelque autre tableau, avec l'espérance qu'il exécutera mieux une autre fois ce qu'il aura conçu.

M. Ponce Camus est un de nos peintres qui s'écartent le moins dans le choix de leurs sujets de l'histoire nationale. A ses tableaux d'*Eginard et Imma*, et de *Rollon et Poppa*, qu'il a exposés de nouveau cette année sous les n°s 762 et 763, il a joint (n° 761) *la mort de Jacques Delille.*

Cet événement pouvait être le sujet d'une composition très-vaste. L'artiste aurait groupé autour du lit funèbre de ce grand poète et les amis que son caractère lui avait faits, et quelques-uns des nombreux admirateurs de ses talens. Ce n'est point ce qu'il s'est proposé de faire; et peut-être dans sa simplicité son tableau n'est-il pas moins touchant.

Delille est étendu dans son lit : la mort vient de le frapper ; ses yeux depuis longtemps privés de la lumière sont entièrement fermés. Sa figure fort ressemblante offre d'ailleurs une expression calme, telle que doit être celle de l'homme de bien qui a cessé d'exister sans avoir de reproches à se faire, et avec le consolant espoir qu'il est une autre et une meilleure vie. Des couronnes poétiques décorent sa tête, ainsi que plusieurs exemplaires de ses ouvrages rassemblés près de lui. Au pied du lit, un prêtre d'une figure vénérable est assis et en prières. Sa présence annonce que le grand poète a invoqué les secours spirituels d'une religion dont il était persuadé. De l'autre côté est un artiste que M. Ponce Camus appelle dans la Notice « un de nos plus célèbres peintres ». On n'est nullement surpris de cette dénomination, puisque l'on reconnaît dans son profil les traits de l'auteur d'*une scène du déluge*, d'*Atala*, d'*Endymion*, etc. Assis près d'une table, il fixe sur un papier les traits de Delille. Enfin, sur le second plan, et près d'une porte, on aperçoit M. Ponce Camus lui-même. La douleur est peinte sur sa physionomie, et il paraît craindre de troubler une scène qui, dans sa simplicité silencieuse, a quelque chose d'imposant.

Sans viser aux grands effets, sans charlatanisme, l'artiste a très-bien su atteindre l'effet qu'il voulait produire. Sans doute, l'aspect de Delille privé de la vie porte sur un tel sujet un intérêt indépendant du talent du peintre. Cependant il serait injuste de ne pas attribuer une partie de cet intérêt à la sagesse de la composition. Si le coloris paraît un peu uniformément sombre, et si l'on peut desirer que les parties lumineuses du tableau aient un peu plus d'éclat, ces teintes sourdes assez généralement répandues paraissent, d'un autre côté, concourir aussi bien que la simplicité des attitudes, à l'intention de l'artiste; de sorte qu'il est au moins douteux si le tableau gagnerait à être plus brillant.

Le *Pierre Corneille* de M. Vauthier (n° 923) est composé d'une manière assez piquante. L'artiste ne s'est pas borné à nous représenter le père de notre scène tragique (1) s'occupant, dans le silence du cabinet, de ses productions immortelles. Au moment où il commence à écrire *Horace*, le génie de Rome, ce génie qui l'a si bien et si souvent inspiré, lui montre dans un tableau magique les héros auxquels il va, si l'on peut s'exprimer ainsi, donner une seconde immortalité.

L'aspect de ce tableau a quelque chose de

---

(1) Je devais peut-être dire de notre scène; car *le Menteur* et sa *suite* donnèrent l'idée de ce que devait être la vraie comédie. *La Toison-d'Or* et *Psyché* auraient suffi pour faire inventer l'opéra, et l'on voit dans un des *discours* de Corneille qu'il concevait une sorte d'ouvrage qui, au lieu de tenir du cothurne et du brodequin, comme la *tragi-comédie*, eût représenté des aventures tragiques arrivées à de simples particuliers, ce qui désigne, avec la dernière évidence, le *drame*.

singulier qui attire les regards; un artiste, d'ailleurs, peut être sûr de plaire aux bons esprits toutes les fois qu'il cherche à célébrer quelqu'un de nos grands hommes; mais il me semble que l'on peut contester à M. Vauthier l'originalité de son idée. Depuis qu'Ossian a fourni les sujets de plusieurs tableaux, nous avons bien souvent vu des ombres mélées dans une composition à une ou deux figures réelles; et l'artiste doit savoir lui-même combien l'ensemble de son tableau en rappelle un de M. Gérard. Au reste, il peut se féliciter, sinon de l'idée originale, du moins de l'application qu'il en a faite.

M. Fremy a peint dans deux tableaux de petite dimension *l'Arrivée de Monsieur à Paris*, et *Turenne endormi sur l'affût d'un canon* (n°s 408 et 409). Le premier de ces ouvrages porte des traces évidentes de précipitation; mais il est bien composé : la figure de *Monsieur*, qui pourrait être mieux dessinée, offre de la ressemblance. Elle a cette expression de joie que tous les Parisiens remarquèrent avec tant de satisfaction, dans cette journée du 12 avril, qui fut pour eux une des plus belles de l'année.

Le tableau de Turenne, exécuté sans doute

plus à loisir, est bien mieux soigné dans toutes ses parties. Agé seulement de 12 ans, Turenne, dont la complexion était très-délicate, voulut s'essayer dès-lors à soutenir les fatigues de la guerre et l'intempérie des saisons. Il se déroba secrètement du palais de sa mère, la duchesse de Bouillon, et alla sur les remparts de Sédan. On le chercha long-temps avec inquiétude; enfin, par un temps neigeux, on le trouva, au milieu de la nuit, profondément endormi sur l'affût d'un canon.

Cette anecdote est fort bien rendue dans le tableau de M. Frémy ; mais la figure de Turenne, assez correctement dessinée, offre un défaut qu'il importe de relever. Elle est trop formée : il serait impossible de lui donner moins de 18 ans ; or, l'artiste conviendra lui-même, qu'ici, cinq ou six années de plus ou de moins ne sont nullement indifférentes, puisque ce qui, dans ce trait, honore le plus Turenne, c'est qu'il en fut capable lorsqu'il était encore enfant.

M. Vermay s'est emparé d'un des plus beaux sujets de tableaux que notre histoire puisse offrir, celui de *Saint-Louis refusant la couronne que les Sarrazins lui offrent.*

Il ne faut cependant pas dissimuler que plusieurs écrivains recommandables doutent de la vérité de ce fait : ils reconnaissent avec tous les autres que dans les fers, Saint-Louis montra tout le courage, toute la résignation qui peuvent mériter l'admiration universelle; ils sont fermement persuadés qu'il ne se démentit jamais; qu'il sut toujours agir et parler en roi de France, et qu'il força ses farouches vainqueurs à éprouver pour lui une sorte de vénération; mais la piété même de ce monarque, et les marques nombreuses qu'il en donna, sans redouter la vengeance des Sarrazins, sont, au jugement de ces historiens éclairés, de fortes présomptions pour ne pas admettre un fait qui leur paraît tenir du merveilleux. Ils ne trouvent guère croyable que les sectateurs de Mahomet aient eu l'intention d'obéir à un ennemi si zélé de leur culte, ou espéré qu'il abjurât à leur prière la religion chrétienne.

Quoi qu'il en soit, et tout en admettant que ces argumens paraissent très-forts, on convient que le fait, rapporté même avec quelques détails, se trouve dans plusieurs auteurs. C'en est assez pour les peintres : outre l'intérêt de de l'action et celui qui est attaché au nom de Saint-Louis, ils ont encore, dans ce sujet, l'avantage de pouvoir représenter un grand nombre de personnages contrastant entr'eux d'âge et d'expression. Ils peuvent enfin, mieux que dans beaucoup d'autres compositions, déployer les principales ressources de leur art, et même, dans la figure de Saint-Louis, s'élever jusqu'au sublime.

Je ne connaissais, jusqu'à ce jour, qu'un tableau sur ce sujet; mais il offrait une de ces idées qui ne s'effacent guère de la mémoire d'un ami des arts : l'auteur était M. Robin, peintre de l'ancienne académie, et son ouvrage, particulièrement sous le rapport du coloris, était fort défectueux ; mais il avait représenté sur le devant de son tableau une grille par laquelle de malheureux Français, enfermés dans un cachot au-dessous de celui du Roi, s'efforçaient de passer leurs bras pour implorer les Sarrazins, et obtenir d'eux qu'ils ne massacrassent pas leur monarque. C'était là une invention bien forte, bien juste, et qui produisait un très-grand effet.

La composition de M. Vermay me paraît très-digne d'éloge. Le saint Roi, debout au milieu du tableau, rejette avec dignité les offres des Musulmans, dont la victoire est indiquée par les enseignes françaises tombées en leur pouvoir. Son refus les irrite : déjà quelques-uns mettent la main au fatal cimeterre. L'interprète qui a expliqué leur demande est aux genoux du Roi, et le supplie, en accédant aux vœux des émirs, de sauver à la fois ses jours et ceux des autres captifs. Dans le coin, à gauche, le patriarche de Jérusalem, cruellement torturé, prie aussi le Roi de céder à la nécessité. Pour mieux exprimer combien son refus est dangereux et sa résistance héroïque, M. Vermay a représenté dans le lointain d'autres Sarrazins qui, sur les marches d'une mosquée, tranchent la tête à quelques-uns des chevaliers de Louis.

Au mérite de la composition, ce tableau joint celui d'offrir des expressions fort animées et fort justes. La couleur n'a rien que l'on puisse louer ou blâmer avec excès; seulement les lumières m'ont paru un peu trop généralement éparpillées. Quant au dessin, il offre d'assez grandes incorrections. C'est aussi le défaut capital d'un autre tableau du même artiste dont je parlerai plus tard.

Quand M. Vignaud exposa, il y a deux ans, sa *mort de Lesueur*, on le félicita d'avoir rendu hommage à notre Raphaël, méconnu et persécuté pendant sa courte existence ; on rendit également justice à la noble simplicité de la composition de M. Vignaud. Ce tableau reparaît aujourd'hui sous le n° 946 ; mais l'artiste ne lui a point donné de pendant qui puisse faire juger de ses progrès : trois portraits sont pour cette année tout son contingent.

Madame Demanne n'a rien offert de nouveau, et l'on peut en être surpris après le succès qu'avait eu son tableau de *Jeanne, fille de Raymond VIII, comte de Toulouse*, ainsi que deux autres tableaux d'intérieurs d'édifices, qui reparaissent sous les n°s 1357, 1358 et 1359.

Nous pouvons considérer comme appartenant à notre histoire un tableau de M. Jorand, n° 1377. D'abord parce qu'il représente des *chevaliers allant à un tournoi*, mais surtout parce qu'ils y accourent *pour défendre l'honneur d'une belle*. Ces figures ont du mouvement et le costume y est bien observé. Le peintre a l'avantage de nous reporter à une époque féconde en grands souvenirs. Il ne tenait pourtant qu'à lui d'attacher un intérêt de plus à sa composition. Il ne s'agissait que de donner des noms à ses trois preux, et l'histoire, ainsi que nos romans de chevalerie, ne lui laissaient que l'embarras du choix.

Mademoiselle Lorimier a bien fait de replacer au Salon sa *Jeanne de Navarre*. Outre que les productions de son pinceau sont aimables, on ne peut qu'être touché à l'aspect d'une princesse, jeune et belle, conduisant son fils, encore enfant, au tombeau de l'époux qu'elle a perdu, et l'entretenant des vertus, ainsi que des malheurs de son père.

M. Richard, dont les petits tableaux historiques ont eu tant de succès, grâce à des sujets bien choisis et au fini le plus précieux, n'a montré que des tableaux déjà connus: *François* 1er *avec la reine de Navarre*, la *déférence de Saint-Louis pour sa mère*, et *Marie Stuart* (nos 1389, 786 et 787); mais ils sont bons à revoir; aussi-bien que l'*Anneau de Charles-Quint* (no 784) qui fit tant d'honneur à M. Revoil il y a quatre ans.

Si quelques artistes pouvaient se persuader qu'à moins de savoir dessiner, il est impossible de faire un bon tableau, la critique n'aurait pas à mentionner quelquefois des ouvrages sur lesquels elle voudrait garder le silence; et, par exemple, je ne serais pas obligé de parler d'un tableau où M. Lair a représenté, sous le n° 1399, *S. M. Louis* XVIII *et le Pape Pie* VII en prières.

Passons vite au n° 1400. Si le sujet en est douloureux, du moins l'ouvrage est très-estimable. M. Couder y a représenté *Moreau dans son lit de mort*. Près de lui est son aide-de-camp, son compatriote, son ami, le brave Rapatel. En plaignant le sort du général illustre, en gémissant sur cette fatalité qui le ravit à la France, lorsqu'il eût pu accélérer l'œuvre de notre délivrance et prévenir plusieurs des maux qui pesèrent sur nous dans la crise décisive, donnons également un regret au compagnon de ses infortunes. Lui aussi, il n'existe plus, et sa mort bien moins connue fut de même très-honorable. Au 30 mars il s'avançait pour annoncer aux troupes qui défendaient Paris la trève à peine conclue : il desirait épargner le sang de ses compatriotes.

Dans un tel moment, il ne parvint point à se faire entendre, et périt lorsque le génie du mal allait cesser d'opprimer l'Europe. Il méritait de vivre et de partager notre bonheur.

Quoique les tableaux de M. Duperreux soient classés parmi les paysages, il me paraît nécessaire d'en parler ici, car je connais peu d'artistes dont les productions annoncent un aussi vif desir de reproduire quelques faits mémorables de notre histoire. Il nous montre aujourd'hui de nouveau (n° 382) le bon sire de Joinville partant pour la Croisade, et n'osant jeter les yeux sur son *bel chatel* qu'il ne quittait pas sans un grand serrement de cœur. Nous revoyons aussi sous les n°s 383 et 380 le château de Brescia, où Bayard ne se rendit pas moins célèbre par ses vertus que par sa valeur, et celui de Loches avec la tour d'où Agnès Sorel suivait des yeux Charles VII lorsqu'il chassait dans la plaine.

Les tableaux de M. Duperreux ont un mérite particulier, c'est qu'ils retracent avec fidélité les lieux où les événemens se sont réellement passés ; de sorte que, pour éprouver des souvenirs remplis d'intérêt, on n'a nullement besoin de recourir à son imagination. Combien ce mérite ne s'accroît-il pas, lorsque l'artiste nous représente, comme il l'a fait cette année, des lieux témoins de l'enfance de Henri IV, et consacrés par quelqu'une de ses actions!

Ces tableaux sont au nombre de deux. L'un (nº 379) est une *vue du château de Pau, prise du grand parc.* Dans ce lieu où Jeanne d'Albret, princesse digne d'être sa mère, lui donna le jour, Henri IV, enfant, annonça ce qu'il devait être par le trait que l'artiste a représenté. Jeanne, pour étudier son caractère, fit porter devant lui plusieurs drapeaux : il saisit avec empressement celui qui portait pour devise : *Vincere vel mori.* On conviendra que ce ne fut pas là de sa part un mouvement passager, et que pendant tout le cours de sa vie, il agit toujours comme si cet étendard eût été placé sous ses yeux.

L'autre tableau (nº 381) offre du même prince un trait un peu vif, mais où il est impossible de méconnaître sa franchise. Il habitait avec sa famille le château de Nérac dont ce tableau présente une *vue*, lorsque Charles IX y vint avec sa cour. Ce Roi et le duc de Guise disputèrent à Henri, âgé de douze ans, le prix de l'arc, et eurent plusieurs fois l'avantage. Henri, piqué, veut avoir sa revanche, et Charles, que l'on ne contrariait pas sans exciter sa colère, le repousse. Alors le jeune Béarnais, sensible à l'injustice qui lui est faite, dirige sa flèche contre le Roi lui-même. Son gouverneur s'empressa de le faire retirer et de le réprimander.

Telles sont les anecdotes qu'a représentées, en donnant à ses figures beaucoup d'expression et d'esprit, un peintre accoutumé à instruire ses spectateurs, lorsqu'il ne semble songer qu'à leur plaire. Le talent de M. Duperreux, considéré comme paysagiste, est connu et apprécié. Moins brillant peut-être que plusieurs de ses confrères, il ne cède du moins à aucun d'eux pour la vérité.

Un rare et beau talent donne en quelque sorte une existence réelle aux personnages qu'il crée : ainsi, *Paul et Virginie*, grace à Bernardin de Saint-Pierre, semblent appartenir à notre histoire. Nous renvoyons au n° 573 ces deux intéressans créoles peints, dans leur enfance, par M. Landon, avec beaucoup de grace et de suavité.

J'ai cherché plusieurs jours inutilement un tableau de M. Roehn dont, indépendamment du talent de l'artiste, le sujet était très-attachant, car il unissait des idées de paix et de bonheur aux plus déchirans souvenirs. Il vient enfin d'être placé, et je puis dire ce que j'en pense, après l'avoir considéré au milieu d'une foule aussi émue qu'attentive.

Ce sujet est *Louis* XVI *au séjour des bienheureux, recevant le duc d'Enghien* (n° 811).

On s'attend à un tableau de deux figures; mais, pour porter l'émotion au plus haut degré, M. Roehn a fait une composition bien plus vaste.

Dans des bosquets verdoyans, séjour d'un bonheur inaltérable, et où la vertu n'a plus rien à craindre des fureurs du crime, dans l'Elysée des Anciens, en un mot, Louis XVI, plus reconnaissable encore à ses traits doux et majestueux qu'à ses vêtemens royaux, accueille avec tendresse le jeune héros de son sang qu'un nouveau forfait a fait disparaître du monde. Près d'eux sont, non pas toutes les victimes d'un temps à jamais déplorable : comment, grand Dieu ! le peintre eût-il pu les rassembler! mais les plus augustes de toutes, et quelques autres dont le sort eut quelque chose de particulièrement remarquable. L'épouse du Roi, dans tout l'éclat de sa beauté, est assise, tenant près d'elle ce jeune Louis XVII dont le trône fut une infâme prison. L'artiste pouvait-il oublier de placer près du groupe auguste la vertu personnifiée, sous les traits de Madame Élisabeth ? Derrière eux sont des magistrats, des guerriers, des ministres du Seigneur qui scellèrent de leur sang leur inébranlable attachement à la race de Saint-Louis. Malsherbes est au premier rang.

Les lettres aussi eurent leurs martyrs, leurs héros de fidélité dans ces temps exécrables. Le spirituel Cazotte, le zélé Du Rosoy sont sur le premier plan, et s'entretiennent ensemble.

Mais parmi ces groupes d'ombres heureuses, quelles sont ces quatre jeunes vierges, vêtues de blanc, dont l'une accourt vers le duc d'Enghien pour lui présenter une couronne ? Ce sont quelques-unes de ces habitantes de Verdun, dont l'âge tendre, l'innocence et la beauté ne purent sauver les jours.

Tout dans ce tableau émeut et attendrit; il est impossible de s'y arrêter, de sentir renaître les souvenirs qu'il retrace, sans que les yeux se remplissent de larmes....; je veux parler de la foule de bons Français qui le contemple; je ne m'occupe pas si quelques hommes ne peuvent jeter que de loin et en frémissant un regard sur cette toile accusatrice.

On est en droit de me demander si, lorsque les premières émotions sont un peu calmées, on trouve autant de sujets de louer le peintre pour l'exécution que pour la pensée de son ouvrage. J'ai, j'en conviens, une forte objection à faire à M. Roehn. Il m'est impossible d'approuver le choix qu'il a fait du lieu où il place toutes ces âmes bienheureuses. Comment supposer réunis dans les Champs-Élysées des personnages dont l'invariable attachement au Christianisme fut un des traits caractéristiques? Encore si M. Roehn nous eût laissé dans l'incertitude sur le lieu où se passe l'action, ce vague n'eût pas été sans attrait; mais il n'a pas manqué de représenter Caron et sa barque. J'avoue que cette figure me paraît former avec les autres une disparate choquante : je voudrais pouvoir l'effacer, et le tableau y gagnerait dans tous les sens, car, en vérité, elle n'est pas bonne.

Quant aux autres, ces portraits sont pour la plupart ressemblans. Cependant il est aisé de voir que l'ouvrage eût été plus soigné dans toutes ses parties, si l'artiste eût eu plus de loisir ; car il est très-évident qu'une telle composition n'a pu être inventée et exécutée que depuis quelques mois.

Sujets tirés de l'Histoire ancienne.

On sait que M. Guérin a réuni dans son tableau de *Phèdre*, et placé sous les yeux des spectateurs les principaux personnages de la tragédie. C'est dans les mêmes principes que M. Abel de Pajol a composé sa *Mort de Britannicus* (n° 2). Le fils de Claudius est expirant dans les bras de Burrhus, et Junie au désespoir se prosterne à ses genoux. Au milieu du tableau, Agrippine déclare à Néron qu'elle voit en lui l'assassin du jeune prince, et Néron s'éloigne d'un air menaçant ; il est accompagné de Narcisse. On aperçoit dans le fond quelques-uns des sénateurs ou courtisans de Néron (car le mot n'y fait rien). La composition de ce tableau est sagement combinée, et les figures ont une expression juste; mais le goût de dessin a quelque chose de trop arrondi qui s'éloigne du style historique. La couleur pourraît être plus vigoureuse et l'effet général plus harmonieux; toutefois, sous ce rapport encore, le tableau est satisfaisant. Il me semble donc que l'on doit des éloges à l'artiste qui a eu le courage d'entreprendre et le talent d'exécuter cette vaste machine.

M. Berthon a entrepris de rendre l'accablement de *Phèdre*, lorsque cédant à la fatale puissance de Vénus, elle a suivi dans les forêts la trace d'Hippolyte (nº 72); elle est assise, et, revenant à elle, s'épouvante et s'indigne de son égarement. L'artiste a judicieusement placé dans le fond Œnone aux pieds d'Hippolyte, qui la repousse avec indignation.

Ce tableau serait bon, si la critique principale ne devait pas porter sur la partie essentielle. La tête de Phèdre est dénuée de beauté; elle offre des teintes tirant sur le brun, qui ne sont rien moins qu'agréables. L'artiste a voulu exprimer combien le désordre moral de Phèdre avait altéré sa santé; mais il pouvait rendre cette idée d'une façon plus heureuse, par une extrême pâleur, je suppose; car ce sont d'abord les yeux que la peinture doit captiver.

L'Enlèvement d'Hélène (n° 74) est un joli petit tableau d'une couleur fort séduisante : il doit plaire à ceux qui, ne tenant pas absolument à ce qu'Hélène soit très-belle, se contenteront de la voir fort gentille.

L'Hécube à laquelle Ulysse arrache sa fille Polyxène (n° 107) prouve qu'après le succès de sa *Zénobie mourante*, M. Blondel n'a point ralenti ses efforts. Ce tableau est plus harmonieux que le précédent; mais peut-être le dessin n'en est-il pas d'un aussi grand style. Le désespoir d'Hécube est bien exprimé; mais l'immobilité d'Ulysse pourra trouver des censeurs : toutefois, rappelons-nous que le Salon n'est pas très-riche en bons tableaux d'histoire *nouveaux*, et reconnaissons que celui de M. Blondel est un des meilleurs.

A son *Combat d'Hippolyte contre le monstre*, exposé il y a quatre ans, M. Bordier a joint *la Mort d'Hippolyte* (n. 129). Le goût du dessin est bon, et le groupe d'Hippolyte, Aricie et Théramène, bien disposé; mais la figure de la jeune princesse est médiocre, et le fond sombre sur lequel l'artiste a découpé ses figures ne produit pas un heureux effet.

Homère chantant ses Poésies dans une des places de la Grèce (nº 130). La composition et le dessin n'ont rien que d'assez commun; les figures ne se groupent pas ensemble; les expressions sont à-peu-près nulles; la couleur ne séduit pas. Il est donc assez difficile que M. Bouchet ait exécuté un ouvrage au-dessus du médiocre.

On connaît depuis long-temps *l'Hyacinthe blessé* de M. Broc (nº 155) : le dessin des figures a de l'élégance; mais je n'ai jamais aimé la tête d'Apollon.

Jupiter enfant nourri par les Nymphes du mont Ida (nº 241). Quelqu'un à qui je disais, en regardant ce tableau, que j'attendais de M. de Boisfremont un ouvrage moins défectueux, me répondit : c'est un plafond. J'admirai la force de l'apologie ou de l'excuse. Alors, quand on peint un plafond, on peut éparpiller sur une toile des figures dont quelques-unes prennent peu ou point du tout de part à ce qui se passe; on peut dessiner des nymphes sans trop s'occuper de la correction, pourvu qu'en général elles aient un aspect agréable. On peut aussi, quoiqu'on se soit montré coloriste fin et délicat (voyez *l'Octavie* du tableau n° 242), se contenter de tons vagues et assez faibles : à la bonne heure ; mais, je le répète, j'attendais quelque chose de mieux de M. de Boisfremont. Pour justifier mon opinion, je renvoie de nouveau à ce tableau 242, réexposé cette année, et qui représente *Virgile lisant son Enéide devant Auguste et Octavie.*

Bajazet et le Berger (n° 250). Ce tableau, agréable et d'une couleur lumineuse, avait fait concevoir des talens de M. de Dreux Dorci d'heureuses espérances. Encore un tableau comme son *Rhadamiste jetant Zénobie dans l'Araxe* (n° 249), et il ne sera plus possible de compter sur lui. Dessin, coloris, attitudes, tout est défectueux dans ce bizarre ouvrage. Ce que je dis là est dur ; mais l'artiste a si brusquement changé de manière, et il est si peu semblable à lui-même que je ne crois pouvoir lui parler trop clairement.

(N° 269.) *Hélène* par M. de Laval : elle montre à Priam les principaux guerriers grecs. Composition sage, figure de vieillard bonne et bien ajustée; mais, je le demande à l'artiste, est-ce là cette Hélène dont la beauté ravissante faisait dire même à des hommes glacés par l'âge: « Nous ne sommes pas surpris que pour » elle la Grèce et l'Asie soient en armes » ?

M. Delecluse a voulu exprimer le moment de la tragédie de *Cinna*, où Auguste dit à ce conspirateur :

« Tu veux m'assassiner, demain, au Capitole, etc. »

Je sais, comme tout le monde, que cette scène est une des plus belles de Corneille et de l'art tragique; mais je n'y verrai jamais le sujet d'un tableau. Tout l'effet qu'elle produit consiste dans les reproches qu'Auguste adresse successivement à Cinna, dans la certitude dont il l'accable par degrés que sa perfidie est découverte ; mais dans le tableau n° 277, que vois-je ? Deux Romains assis. Encore une fois, la peinture doit être une action.

Prométhée sur le mont Caucase, par M. Descamps, n° 303. L'artiste a eu une idée très-bonne qu'il est juste de remarquer. Presque toujours ceux qui ont choisi ce sujet l'ont rendu encore plus atroce, en peignant le vautour acharné à ronger le flanc de la malheureuse victime. M. Descamps l'a représenté s'approchant de Prométhée ; ce qui n'empêche pas qu'il n'ait pu donner à celui-ci une expression très-énergique, puisque la terreur d'un mal prochain, affreux et inévitable , est bien suffisante pour altérer ses traits.

Dans le tableau où M. Devilliers a peint *Achille s'approchant du corps de Patrocle* (n° 315), je ne comprendrai jamais pourquoi ces deux héros sont d'une couleur si fortement cuivrée. On aurait peine à croire que ce tableau fût de l'auteur du n° 316, représentant *Enée qui sauve son père de l'embrasement de Troie*. Là, du moins, la couleur n'a rien d'outré, et les formes sont nobles sans tomber dans la charge.

Je suis fâché que le *Dévouement de Cimon, fils de Miltiade*, par M. Dubois (n° 27), ne soit pas mieux exposé. Il y a de la vigueur et des carnations vraies dans ce tableau. L'air ignoble et l'insensibilité du geolier sont bien saisis. Qu'un fils vienne prendre en prison la place de son père mort, afin de répondre de l'amende à laquelle on l'a condamné, que lui importe ? Ce trait peut tout au plus exciter en lui une curiosité vague ; mais cet homme condamné était le vainqueur de Marathon ; mais il avait sauvé sa patrie! Que lui importe encore ? Convenons, dans le fait, que cet homme n'est pas obligé de se montrer moins féroce, moins injuste que les Athéniens, peuple aimable, spirituel, doué de mille qualités brillantes, mais chez qui les hommes illustres étaient toujours assez rudement traités. Ce sont sûrement les Athéniens qui ont inventé ce bel axiome : *l'ingratitude est la vertu des républiques.*

Pour en revenir au tableau de M. Dubois; j'observerai que la tête renversée de Miltiade ne produit pas un heureux effet ; et qu'on n'eût pas été fâché de voir le visage de Cimon.

Vénus et Diane, par M. Dubost (nº 331). Voilà un des plus jolis sujets de tableaux que la mythologie, si féconde en inventions charmantes, pût fournir aux artistes. Vénus, qui en sa qualité de déesse, lisait dans l'avenir, a cru devoir dérober à Diane le bel Adonis, quoiqu'il ne soit encore qu'un enfant. Diane veut le ravoir ; Vénus aussitôt lui donne des ailes, et le présente à Diane en même temps que l'Amour :

« Devine, si tu peux, et choisis, si tu l'oses ».

La prudente Diane ne choisit pas ; elle courait trop le risque de prendre le petit dieu dont elle était l'implacable ennemie.

Le tableau de M. Dubost est très-agréable et fort bien composé. Vénus est assise et Diane debout. Le fond est un paysage qui fait bien ressortir les carnations des figures. Le coloris est harmonieux : seulement on pourrait désirer que la demi-teinte du visage de Diane ne fût pas si foncée.

La consternation de la famille de Priam (nº 417) passe pour le morceau le plus capital de M. Garnier, reconnu pour un de nos bons coloristes. Son petit tableau d'*Orphée pleurant Eurydice* (nº 415) n'a pas autant de vigueur ; mais les carnations en sont fraîches, le site agréable. C'est un joli tableau de chevalet.

La même raison qui m'a empêché de m'arrêter à la description de la famille de Priam ne me permet pas d'entreprendre celle des trois tableaux de M. Girodet qui, avec son

Atala, ont le plus contribué à établir sa renommée. Qui n'a pas vu, revu, médité *une Scène de déluge*, *Hippocrate refusant les présens d'Artaxerce*, et *Endymion* (436, 439 et 438)? Noble et gracieux dans le dernier de ces tableaux, expressif dans le second, et toujours parfaitement correct, M. Girodet s'est élevé au-dessus de lui-même dans la *Scène de déluge*. Il a fallu quelque temps pour que cette composition étonnante fût dignement appréciée : c'est le sort de tous les ouvrages extraordinaires. On sait enfin que celui-ci ne redoute aucune comparaison, et qu'il sera toujours la gloire de l'auteur, comme un des plus sublimes monumens de la peinture.

Mais il est des beautés de différens ordres; et près de cette création *Michel-Angesque*, on aime à revoir et ce beau tableau de *Phèdre* où M. Guérin s'étoit montré digne d'associer son pinceau au génie de Racine, et l'*Andromaque aux pieds de Pyrrhus*, et cette *Aurore* si jolie répandant des fleurs sur le beau *Céphale* (n°s 483, 484, 485).

L'*Oreste poursuivi par les furies* (n° 502) n'est pas tout-à-fait dans la même manière, ou plutôt il serait impossible de trouver un contraste plus frappant qu'entre ce tableau et ceux de M. Guérin. J'avoue que plus d'une fois j'ai détourné la tête en voyant cette sauvage production. Cependant soyons justes. M. Hennequin, il est vrai, a dépassé les bornes; il a pris l'horrible pour la terreur. Sa Clytemnestre, avec son épouvantable plaie, est vraiment repoussante; mais il y a dans ce tableau une énergie extrême; plusieurs parties sont d'un dessin très-savant. Enfin si l'on se dit: voilà comme il ne faut pas faire; on ajoute aussitôt: il n'y a toutefois qu'un habile homme qui ait pu exécuter ce tableau.

(N° 700.) *Le Berger Phorbas présente OEdipe enfant à Péribée, reine de Corinthe.* Le talent de M. Meynier donnait l'assurance que ce sujet intéressant serait bien traité. L'action est parfaitement expliquée; la reine et ses femmes sont sensiblement touchées de l'état affreux où sont les pieds de cet infortuné, persécuté des dieux au moment même de sa naissance. La compassion se peint surtout d'une manière bien touchante sur la figure de la jeune fille agenouillée près d'OEdipe. Quelques autres n'ont pas des formes aussi gracieuses ; et le dessin des deux bergers est peut-être un peu lourd. L'ensemble du tableau est toutefois très-satisfaisant.

Je suis bien affligé de n'en pouvoir dire autant du tableau de *Mars et Vénus*, par Madame Mongez (n° 708). Cette dame, qui n'a pas craint de s'attacher au genre de peinture le plus élevé et le plus difficile, et dont le tableau d'*Andromède et Persée* (n° 707) offre, parmi quelques défauts, des beautés réelles ; Madame Mongez semble au-dessous d'elle-même dans sa nouvelle production. Je n'y reconnais ni son goût de dessin, ni sa couleur, et il s'en faut que la manière dont les figures sont disposées me paraisse racheter ce qui manque d'ailleurs à ce tableau.

Oui, c'est l'absence des beautés, et non des défauts même assez graves qui condamnent à l'oubli les productions des artistes, comme celles des littérateurs. M. Prud'hon fait reparaître sous le n° 769 *la justice et la vengeance divine poursuivant le crime*. On sait que ce tableau offre plusieurs incorrections ; mais il est plein de verve, de chaleur ; la figure de la justice est d'une rare beauté, et le groupe céleste semble vraiment voler dans l'espace.

L'ouvrage d'ailleurs présente avec énergie une grande idée morale. C'est un des tableaux les plus remarquables de notre école et le chef-d'œuvre de son auteur.

La grace caractérisant le talent de M. Prud'hon, s'il a voulu dans le tableau précédente atteindre à des beautés plus élevées, il n'en reste pas moins habituellement fidèle à sa manière. Celui qui avait peint le charmant groupe de *Psyché enlevée par les zéphirs* (n° 770), nous montre cette année, n° 771, un de ces *zéphirs se balançant au-dessus de l'eau*. Il y a bien encore ici quelque chose à redire pour ce qui concerne la correction ; mais la tête de la figure est on ne peut plus gracieuse ; la couleur a de la vérité ; et cet ouvrage est, sans contredit, un de ceux dont M. Prud'hon doit le plus se féliciter.

OEdipe et Antigone paraissent plusieurs fois à ce salon. Parlons du tableau de M. Rouget (n° 818) ; les autres sont généralement assez faibles. Celui-ci a le mérite d'être bien peint et correctement dessiné ; le groupe est expressif ; mais la couleur m'a paru généralement un peu crue.

(N° 836.) *Sophocle*, par M. Sérangeli.

C'est le trait si connu de sa vie, que l'artiste a représenté. Accusé par des enfans ingrats d'avoir perdu le jugement, il se justifia en récitant sa dernière tragédie d'*OEdipe à Colonne.* Cette vaste composition est très-bien entendue; l'air inspiré du poëte, la honte peinte sur le front des coupables, l'enthousiasme des juges frappent et attachent le spectateur. Le style de la composition est élevé : c'est la production bien méditée d'un habile artiste.

M. Vafflard, qui choisit toujours des sujets intéressans, a représenté (nº 886) *Électre près de son malheureux frère*. Oreste vient de s'endormir après avoir été tourmenté par les furies. « Mes compagnes, mes amies, s'écrie sa sœur, comme dans Euripide, ne l'éveillez pas, faites silence ! »

Il y a de la grandeur et de l'intérêt dans ce tableau; mais jamais je n'ai pu me persuader que l'Electre n'eût pas une attitude théâtrale.

M. Grandin a un talent aimable. Il choisit des sujets doux et de peu de mouvement. Il a exposé *Sapho avec deux de ses compagnes* (nº 1363). Elles sont sur le bord de la mer, et comme elles se détachent en demi-teinte sur la lumière du soleil, il en résulte un effet assez piquant. Sapho tient sa lyre : ses amies sont attentives. Je n'aurais que des éloges à donner à ce tableau, si la tête de Sapho paraissait un peu plus animée. Il était impossible qu'elle récitât des poésies telles que les siennes, sans se livrer à tout le délire de la poésie et de l'amour. Ses formes sont trop celles d'une jeune fille. J'aurais desiré que M. Grandin l'eût représentée, non pas laide (quoiqu'on dise qu'elle l'était : ce n'est pas là l'espèce de *vérité* à laquelle les peintres sont obligés), mais plus formée et plus majestueuse.

Sujets tirés de la Bible.

Si je pouvais penser que quelque artiste voulût déférer à mes avis, je lui conseillerais de ne jamais traiter, par choix, ces sortes de sujets. Ils ont tant de fois exercé les pinceaux des grands maîtres, et ils sont si connus! D'ailleurs, ils n'ont pas, comme ceux du Nouveau-Testament, une connexion intime avec la religion de notre pays. Quoi qu'il en soit, puisque le Salon offre plusieurs tableaux de cette espèce, je vais en parler, mais succinctement, et sans entrer dans des explications que je regarde comme superflues.

Agar dans le désert a été peinte par mademoiselle Bertaud sous le nº 69. Si cette demoiselle est jeune, le bon goût de dessin de l'ange et le sentiment qui règne dans le groupe d'Ismaël et de sa mère doivent lui mériter des encouragemens; mais qu'elle s'applique à mettre dans sa couleur plus d'harmonie.

M. Lordon a aussi représenté *Agar dans le désert* (nº 651); mais le céleste émissaire n'est point encore venu consoler cette mère infortunée. Je sais que ce tableau n'est pas irréprochable sous le rapport du dessin, et que la couleur en est un peu factice. Cependant il me touche. Agar est belle, et, dans cette solitude, les angoisses qu'elle éprouve en contemplant son fils près d'expirer, ne permettent pas qu'on reste froid devant ce tableau.

On connaît le *Jacob arrivant en Mésopotamie*, par M. Heim (nº 500), tableau qui rappelle, par son goût de dessin, les loges de Raphaël, mais dont la couleur est bien défectueuse.

La couleur suave, le dessin correct et la composition simple de M. Lafond conviennent très-bien à ces sortes de sujets. Son *Saül* et sa *mort de Jacob* sont au nombre des bons tableaux exposés cette année (nos 554 et 558).

M. Paulin Guérin s'est fait connaître par le tableau de *Caïn après le meurtre d'Abel*; ouvrage défectueux d'un homme vraiment né pour être artiste. *La fuite de Caïn après son crime*, par M. Trezel, était plus sagement composée, mais avec bien moins de verve; d'ailleurs, l'idée de n'éclairer les fugitifs que par la lumière de la lune ne produisait pas un bon effet. On revoit aujourd'hui ces deux compositions sous les nos 489 et 880.

Tableaux de dévotion.

Avant de parler de quelques-uns de ces tableaux, exposés cette année, je ferai une remarque incontestable; c'est que, depuis long-temps, ce genre est sensiblement déchu parmi nous. Les causes en sont trop connues pour qu'il soit nécessaire de les rappeler. Mais, sous le rapport seul de l'art, il faudrait s'en affliger sincèrement. Dans ce genre, où les écoles d'Italie et de Flandres ont produit plusieurs chefs-d'œuvre, le goût, le sentiment des convenances, et de belles compositions, ont souvent signalé les talens de nos artistes. On peut même avancer que celui de tous les peintres qui posséda le plus éminemment cette *onction*, don de la nature, qui exerce sur les spectateurs un empire irrésistible, fut un Français. Lesueur doit être le peintre par excellence des âmes pieuses ; et en exceptant même cet homme extraordinaire, que de magnifiques ouvrages l'Évangile, les Actes des Apôtres n'ont-ils pas inspirés à notre immortel Poussin, à Lebrun, à Jouvenet, à Lafosse, et à tant d'autres! Ils ont également décoré nos églises de productions très-recommandables, et dont, je le répète, il est à craindre que d'ici à long-temps la tradition ne soit perdue.

Le premier défaut qui frappe dans les tableaux de dévotion que l'on exécute encore de temps en temps, c'est le manque de cette austérité de formes et de couleur que les anciens artistes, quelle que fût d'ailleurs l'inégalité de leurs talens, regardaient comme nécessaire, même dans les sujets les plus gracieux. Ils avaient raison : la joie des personnes pieuses a quelque chose de grave qui la différencie des joies mondaines.

M. Ansiaux est un de nos peintres qui peuvent le plus espérer de recouvrer la bonne tradition. Son dessin est en général correct, et l'on voit qu'il s'applique à donner du caractère à ses têtes. Il a exposé, sous les n°s 10 et 11, *une Résurrection de Jésus-Christ*, et *une Conversion de Saint-Paul*, qui annoncent un talent très-exercé, mais où l'on desire encore cette austérité de manière que je viens d'indiquer, comme indispensable dans de tels sujets. J'avoue que, dans ce genre, nos artistes ont à combattre un obstacle de plus que dans tous les autres. Les sujets qu'ils exposent à nos regards ont été mille fois traités ; il n'en est pas un qui aussitôt ne nous rappelle quelques tableaux des plus grands artistes ; et cette concurrence inévitable détruit nécessairement une partie du mérite que peut avoir l'ouvrage nouveau.

N° 503. *Le Christ au tombeau*, par M. Hennequin. Voilà certes un des tableaux qui ont à craindre les rapprochemens les plus dangereux. Il n'est pas un seul peintre célèbre qui n'ait traité ce sujet une, ou même plusieurs fois. Mais quand M. Hennequin n'aurait aucun concurrent, la manière dont il a conçu son tableau suffirait pour lui nuire, et lui mériter les plus sévères observations. Le Christ est étendu de toute sa longueur sur le premier plan, et la Vierge, Saint-Joseph avec les autres personnages indiqués, sont rangés à genoux et en demi-cercle autour de lui. Je n'ai jamais pu savoir si les rayons lumineux qui, du côté gauche du Christ, vont éclairer d'en bas les autres figures, partaient de lui-même ou de quelques lanternes industrieusement disposées près de lui. Je suis porté à embrasser la première opinion, parce que les peintres anciens ont quelquefois fait jaillir ainsi la lumière d'une figure de Christ, pour signifier que de lui émane toute lumière. Cette idée mystique a de la grandeur; et le premier qui l'eut n'était pas sans doute un homme d'une imagination froide. Mais il faut observer que les peintres dont je parle n'ont ainsi représenté comme foyer de lumière que la figure de Jésus enfant, et même nouvellement né dans la crêche. Dans sa fameuse *Nativité*, le Corrège a tiré un parti prodigieux de cette disposition de la lumière. Mais ni Corrège, qui s'est emparé de cette idée dans un de ses chefs-d'œuvre, ni ses devanciers, n'ont songé à représenter ainsi Jésus devenu homme. Ajoutons que les personnages éclairés de bas en haut se présentent au spectateur sous un très-singulier aspect, et que, à l'égard de la couleur, le tableau est on ne peut plus défectueux. Les clairs sont du blanc le plus fade, et les ombres uniformément brunes. Rien absolument ne rappelle là les teintes de la nature; et quoique l'*Oreste tourmenté par les Furies* soit un tableau conçu d'après d'étranges principes, il n'y a nulle comparaison à faire entre ces deux productions du même auteur.

Si l'on veut voir comment, dans un sujet de dévotion, l'on peut aujourd'hui lutter contre les grands maîtres, il faut contempler la *Vierge* de M. Girodet (nº 440). A la vérité, ce n'est qu'un buste, mais il rappelle ce qu'ont fait d'excellent en ce genre les plus célèbres peintres d'Italie. Je n'insisterai pas davantage sur le mérite de ce tableau qui, dès qu'il parut, excita une admiration générale.

C'est une production défectueuse qu'une *descente de Croix* de M. Pineau du Pavillon (n° 757). Il y a bien dans le dessin du Christ quelque grandeur; mais les autres figures sont incorrectes, et l'ensemble est totalement dénué d'harmonie. Quant à *la Madeleine se jetant aux pieds du Christ*, par mademoiselle Revest, tout ce que j'en peux dire, c'est que l'artiste ne me paraît nullement appelée à traiter de tels sujets.

Par respect pour la mémoire de Greuze, je n'insiste pas sur l'inconvenance qu'il a eue de nommer *Sainte-Marie Egyptienne* une figure de femme absolument nue, et du reste très-incorrectement dessinée (n° 475).

Sujets tirés de l'Histoire moderne des nations étrangères.

De l'expression, une couleur chaude, un heureux choix de sujets, caractérisent les productions de M. Bergeret. *Anne de Boulen condamnée à mort* (n° 52) pouvait être un tableau très-pathétique; mais je crains que la petitesse des figures ne nuise à l'effet qu'il devait produire. Il y a bien aussi quelques autres objections à faire. D'abord, ce fut l'extrême beauté de cette femme infortunée qui lui mérita le périlleux honneur d'épouser Henri VIII. Ce prince, qui se vantait en mourant « de n'avoir refusé à ses desirs ni l'hon- » neur d'aucune femme, ni la vie d'aucun » homme », ne brisa violemment, après vingt-deux ans de mariage, les liens qui l'unissaient à Catherine d'Arragon que parce qu'il était devenu passionnément épris d'Anne de Boulen, *damoiselle d'honneur* de la reine. Or, le tableau ne nous montre point cette beauté si rare. Le peintre, d'ailleurs, a coiffé Anne d'une manière si commune, il l'a si *bonnement* assise sur sa chaise longue, qu'avant de regarder le livret, j'ai cru qu'il s'agissait de quelque malade pour laquelle on faisait une consultation de médecins. Je pense donc que la composition de ce tableau est défectueuse; mais, quant au coloris et à l'harmonie générale, il mérite des éloges. M. Bergeret sait choisir avec art les tons de ses draperies, de manière que l'effet en soit très-agréable à la vue. Il y a de plus quelques têtes de vieillards d'un assez beau caractère; mais, je le répète, elles auraient gagné à être d'une plus grande proportion. J'aurais voulu d'ailleurs que l'accusation d'adultère et même d'inceste fût indiquée, et inspirât une profonde horreur à une femme dont la vie n'avait pas été sans reproche, mais dont le crime alors était de ne plus plaire et d'être supplantée par Jeanne Seymour, comme elle avait supplanté Catherine. M. Bergeret est trop habile dans son art pour savoir que je ne demande en ceci rien que la peinture n'eût pu exécuter. Comme Henri VIII eut l'impudeur d'épouser Jeanne *le lendemain même* du jour où il avait fait assassiner publiquement sa seconde femme, il aurait été bon et facile d'exprimer par quelqu'épisode cette circonstance. J'aurais voulu voir, je suppose, Anne de Boulen et son malheureux frère, lord Rocheford, recevant leur arrêt, tandis que, dans le fond d'une galerie ouverte, l'affreuse dénonciatrice, lady Rocheford, aurait paru avec Henri et Jeanne Seymour, ordonnant à-la-fois les préparatifs des supplices et ceux d'un funeste hyménée (1). J'aurais desiré, en un mot, un

(1) Jeanne Seymour mourut l'année suivante en accouchant d'Edouard VI, dont la vie et le règne ne

tableau d'histoire bien pathétique, et non pas un bon tableau dans le goût de l'école flamande.

Ces observations sévères ne sont que justes. Si vous débutez dans la carrière, si vous ne me promettez qu'un portrait, un *trompe-l'œil* même, je n'ai rien de plus à vous demander, et lorsque vous tenez parole, il faut que je vous applaudisse; mais si, connu par de très-estimables productions, vous entreprenez un sujet d'histoire où toutes les ressources du génie puissent se développer, ma critique deviendra exigeante en raison de ce que j'ai droit d'attendre de vous.

L'Arioste avait fourni à M. Berthon le sujet d'un bon tableau: *Angélique secourant Mé-*

---

furent, pour ainsi dire, qu'un moment. Des *six* femmes de Henri VIII, une seule n'éprouva point de catastrophe: ce fut Catherine Parr, qui lui survécut; encore, sans sa présence d'esprit, eût-elle été mise aussi en jugement, non comme adultère, mais comme hérétique, c'est-à-dire comme n'ayant pas les mêmes opinions religieuses que le Roi qui, après avoir pris contre Luther la défense du Pape, exclut le catholicisme de son royaume. Anne de Clèves se trouva fort heureuse que son mariage fût cassé, et Catherine Howard périt comme Anne de Boulen.

dor blessé (75). Cette année il a représenté *Armide et Renaud* (n° 73). Le Tasse et l'Arioste sont ainsi qu'Homère, et plus peut-être que Virgile, en possession d'échauffer l'imagination des peintres ; et, venu après tant d'autres pour traiter un sujet si connu, M. Berthon a redoublé d'efforts pour ne pas trop craindre de comparaisons dangereuses.

Vêtue d'une robe très-diaphane, Armide, sortant du bain, s'éloigne avec regret de son amant qui, prosterné à ses genoux, ne peut que lui dire : « Armide, vous m'allez quitter ». Mais il faut qu'elle aille consulter les Enfers. Elle ne tardera pas à revenir près de celui qui lui est si cher.

Ce tableau a été peint, comme disent les Italiens, *avec amour ;* tout y est extrêmement soigné sans sécheresse. La tête d'Armide est belle ; toute cette figure offre même des formes et un coloris très-agréables. L'expression des deux têtes pourrait être un peu plus vive sans nuire à la beauté que l'artiste a dû rechercher nécessairement dans un tel sujet. On dit : ce ne sont pas plus Armide et Renaud que deux autres amans auxquels on donnerait tel nom que l'on jugerait convenable.

Qu'importe, pourvu qu'une fois nommés par l'artiste, vous ne puissiez pas dire : ce ne sont pas eux. Ce qu'il y a de certain, c'est que ce tableau est un des plus agréables que l'on puisse contempler, et qu'il ne déparerait aucune collection, si bien composée qu'elle pût être. Sachons rendre justice aux talens contemporains, et ne mesurons pas à leur ancienneté le mérite des ouvrages.

C'est également à l'*Armide enlevant Renaud*, par M. Broc, que j'applique cette remarque (n° 154) ; mais ce tableau, bien composé et d'un bon goût de dessin, est trop connu depuis long-temps pour que j'en donne l'analyse.

M. Coupin de la Couperie nous avait montré, il y a deux ans, cette Françoise de Rimini, dont le Dante a rendu les amours et la funeste aventure immortels comme son génie. On sait comment la lecture d'un passage un peu vif du roman de Lancelot égara elle et son jeune amant, et comment « ce jour-là ils ne lurent » plus rien (1) ». A ce bon tableau, qui repa-

(1) « *Quel giorno più non vi leggemo avante* ».

C'est un des vers les plus gracieux, les plus délicats,

raît sous le n° 219, M. Bitter oppose aujourd'hui (n° 103) les amours de Lancelot et de Geneviève. La situation est absolument la même ; mais il n'en est pas ainsi du talent des deux artistes. M. Bitter a tellement prodigué les ornemens, les accessoires, que l'œil est distrait, fatigué ; d'ailleurs, sous le rapport de la composition, il faudra toujours préférer le sujet du Dante. Il permet au peintre de montrer, comme l'a fait M. de la Couperie, l'époux outragé prêt à consommer sa vengeance.

N° 236. *Mort de Malek Adhel*, par madame Davin. Il me paraît très-convenable qu'un artiste, une dame aille chercher dans le plus capital des ouvrages de madame Cottin un très-beau sujet. On devrait même en emprunter plus souvent à cette femme si justement célèbre et si regrettable ; mais il faudrait *rendre* ce que l'on a conçu : il ne faudrait pas laisser regretter au spectateur des

---

les plus expressifs que l'on ait faits dans aucune langue ; et il se trouve dans l'*Enfer!* dans l'enfer de ce Dante auquel on ne rend qu'à moitié justice quand on ne le croit que le plus terrible des poètes.

formes plus nobles, plus correctes. Je m'arrête; l'intérêt du sujet et ce qu'il y a d'expressif dans les têtes des personnages, m'empêchent de prolonger ces critiques.

Mettons au rang des sujets historiques, et non des tableaux de genre, cette composition où mademoiselle Delafontaine nous représente (nº 265) *une veuve avec sa fille au tombeau de son époux*. Il y a de l'âme, de la simplicité dans cette scène de douleur, et la tête de la jeune fille est belle. Mademoiselle Delafontaine est sur la bonne voie; mais on doit l'exhorter à rechercher davantage l'effet et la vigueur, tant dans les carnations que dans l'ensemble.

Que dire de la *Mort de Clorinde*, par M. Desoria, nº 308? Que le sujet paraît manqué: on doit s'en affliger d'autant plus que l'idée première de l'artiste était bonne. Tancrède arrachant l'appareil mis sur ses blessures, lorsqu'il revoit cette Clorinde qu'il adore et à laquelle il a donné la mort; un ami s'opposant à son désespoir; l'hermite Pierre faisant parler la voix de la religion; tout cela pouvait faire un très-bel ouvrage; mais que de gens seraient d'habiles peintres, s'il n'était pas indispensable de joindre au mérite de la pensée le talent de l'exécution !

Chacun aime ou admire les hommes illustres d'après ses sentimens particuliers et la tournure de son esprit. Admirateur de Shakspeare, le vénérable M. Ducis s'est fait un nom qui ne périra jamais, en transportant habilement sur notre scène quelques-unes de ses conceptions extraordinaires. Le neveu de M. Ducis a pris le Tasse en affection, et ce goût nous a déjà valu un bon tableau, *le Tasse se présentant chez sa sœur sous des habits de paysan*, n° 353. Au lieu de s'attacher aux productions de ce génie immortel, cet artiste retrace quelques circonstances de sa vie si malheureuse. Il nous le fait voir aujourd'hui lisant à la princesse Eléonore, à cette femme si tendrement, si passionnément aimée, l'épisode d'*Olinde et de Sophronie* (n° 351). Déjà elle est émue à ce tableau si touchant d'un amour aussi respectueux qu'ardent. Le Tasse obtiendra-t-il le prix de ses talens et de sa tendresse ?.... L'histoire se tait, et nous sommes réduits aux conjectures; mais ce qui n'est que trop certain, c'est le fait retracé dans le n° 352. Accablé par le malheur, flétri par l'exercice, ou plutôt par l'abus que le duc de Ferrare a fait de sa puissance, le Tasse est captif dans une maison de foux, moyen infaillible de lui faire perdre la raison, s'il ne l'a pas déjà perdue. Cet odieux traitement a produit tous les funestes effets qu'en attendait le cruel frère d'Eléonore. Assis et la tête penchée, l'homme de génie est descendu au rang le plus douloureux, le plus humiliant. C'était déjà une pensée forte que de nous l'avoir montré ainsi; mais M. Ducis acquiert de nouveaux droits aux éloges. Il introduit Montaigne dans la prison du Tasse, et le profond penseur semble dire : le voilà donc éteint, ce flambleau qui jeta une si vive lumière! La manière dont cette scène affligeante est conçue et exécutée, fait le plus grand honneur à M. Ducis. On y reconnaît à-la-fois un homme d'esprit, un homme sensible et un artiste très-recommandable.

Un peintre, que son prénom désigne comme Anglais, mais qui, par son nom, semblerait Italien, M. James Foggo, a exposé (n° 394) le sujet très-pathétique de *Cordélia expirant dans les bras de Léar, son père.* M. Foggo paraît s'attacher à la vigueur et à l'harmonie ; mais son goût de dessin ne convient guère à de tels sujets : il n'est ni assez correct ni assez héroïque (1).

Comme il y a des degrés en peinture aussi bien qu'en poésie, et qu'on peut avoir fait un ouvrage très-estimable, sans être l'auteur d'un chef-d'œuvre, les amis de l'art ont revu avec satisfaction, n° 421, le *Convoi d'Atala*, par M. Gautherot ; quoique M. Girodet ait exposé (n° 437) une répétition de son *Atala*, si justement célèbre.

C'est aussi un bon ouvrage que *Las Casas malade*, de M. Hersent (n° 509) ; le dessin de cet artiste est ferme et correct, et la tête du principal personnage a de la noblesse ; mais il règne dans tout ce tableau une teinte jaunâtre qui ne séduit pas les yeux.

Nous retrouvons M. Ingres avec toute sa bizarrerie dans le n° 534 ; il représente le *pape Pie* VII *tenant chapelle*. Qu'on se représente de petites figures bien alignées sur

---

(1) La Cordélia de Shakspeare est la vertueuse fille du roi Léar, que M. Ducis appelle *Elmonde*, et qu'il n'a pas voulu, comme l'auteur anglais, faire périr à la fin de la tragédie.

deux rangs, à-peu-près comme des quilles; l'intention la plus prononcée d'éviter toute espèce de groupes, une rigoureuse observation du costume, et le soin le plus minutieux à rendre les détails et les moindres accessoires. Si l'action ne se passait pas dans la *Chapelle Sixtine*, et si l'on n'apercevait pas une partie du *Jugement dernier* de Michel-Ange, on pourrait croire le tableau de M. Ingres antérieur d'une centaine d'années au temps où vivait ce peintre étonnant. Au reste, ce que l'artiste français a montré du *Jugement dernier* est très-bon. Le grand style de l'ouvrage original se reconnaît, malgré la petitesse des figures de la copie. Pourquoi donc, habile copiste de Michel-Ange, ce qui certes n'annonce pas un talent ordinaire, M. Ingres n'a-t-il pas exécuté d'après de bons principes le reste de son tableau? Encore une fois, c'est qu'il ne l'a pas voulu.

Les peintres ne sont pas plus obligés que les historiens de présenter toujours leurs personnages sous un aspect favorable; cependant, comme ils ont le choix des sujets, on n'est guère accoutumé à leur voir préférer quelques-unes de ces actions atroces qui suffisent pour ternir la vie la plus héroïque. Certes, la reine Christine de Suède, qui aimait la peinture, n'aurait pas indiqué à M. Le Sage le sujet du tableau où il l'a représentée faisant assassiner dans la galerie de Fontainebleau Monaldeschi, son écuyer et son amant, pour punir son inconstance (n° 641). L'artiste n'a dissimulé aucune des circonstances de ce lâche guet-à-pens. Le confesseur est là; les meurtriers attendent le signal, et vainement le malheureux dévoué à la mort implore la cruelle et vindicative princesse. Dans cette composition, qui ne manque ni de vérité ni d'énergie, l'artiste ne nous a montré Christine que par le dos, quoiqu'elle occupe l'endroit du tableau le plus apparent. C'eût été une faute capitale contre les règles fondées sur la raison, si toute autre action eût été représentée; mais il faut entrer dans la pensée de l'auteur : en nous laissant deviner les sentimens peints sur le visage de la reine, il a pensé sans doute que dans ce moment elle était trop odieuse pour qu'on pût la regarder sans indignation. A la bonne heure; cependant ce moyen d'éluder les difficultés de l'art est aussi par trop commode; et depuis le fameux voile jeté par le peintre Timanthe sur la tête d'Agamemnon, il est devenu lieu commun. M. Le Sage sera donc, je crois, mieux inspiré quand il choisira des sujets dont les principaux personnages puissent être vus en face.

Il n'y a rien que de gai, que d'aimable dans un petit tableau de M. Mallet (nº 655), auquel il a donné le titre d'*intérieur de l'atelier de Raphaël.* Ne croyez pas y voir ce grand peintre s'occupant de quelque chef-d'œuvre en présence de ses élèves attentifs et de quelques nobles amis des arts. Il n'y a que trois figures dans la composition. Assis près d'une fenêtre, le cardinal Bibiena lit à Raphaël sa comédie de la *Calandra*, et le peintre debout écoute avec attention. Quel est donc le troisième personnage ? c'est, puisqu'il faut l'avouer, une de ces femmes charmantes pour lesquelles Raphaël éprouvait tant de passion, qu'il finit par trouver une mort prématurée au milieu des plaisirs. Sa présence pourrait paraître ici assez singulière; mais les ecclésiastiques italiens ne se piquaient pas, du temps de Raphaël, d'être bien sévères envers les autres ou envers eux-mêmes; et puis, quand on a composé la fameuse *Calandra*, de la sévérité sur l'article des mœurs ressemblerait fort à de l'hypocrisie.

L'Arabe pleurant son Coursier a été pour M. Mauzaisse un début très-brillant, et ce tableau réunit de nouveau les suffrages (n° 680). Mais l'artiste n'a exposé aucune composition nouvelle.

C'est un bien joli tableau, et un sujet fort piquant, que le n° 834. Nous venons de voir une reine de Suède acquérir par sa cruauté une célébrité peu desirable, en voici une autre qui montre une présence d'esprit que toutes les dames sauront apprécier. C'est l'épouse de Gustave-Vasa, le fameux libérateur de son pays. Un jour le jeune Sture était à ses pieds, et lui adressait quelques-uns de ces discours qu'un mari ne doit pas entendre. Gustave survient :

« La colère du roi, comme dit Salomon,
» Est terrible. . . . . . . »

Et celle de Gustave n'avait pas toujours besoin, pour être provoquée, d'une cause aussi légitime. Sture allait donc éprouver toute la vengeance d'un époux blessé et maître de punir ; mais il est dans le cœur des femmes les plus vertueuses, un grand fonds d'indulgence pour les torts que leur beauté fait commettre. La reine répond tranquillement à Gustave furieux : « Il me demandait la main de ma sœur Mérète ». Gustave est trop heureux de la croire ; et cette scène, qui pouvait devenir tragique, finit par un mariage.

La pantomime des trois personnages est très-bonne, le tableau soigné dans toutes ses parties; seulement on pourrait desirer dans la figure de la reine un peu moins de maigreur. Le peintre nous a bien montré la femme spirituelle; mais il était également obligé de lui donner les charmes les plus séduisans.

Les amis des arts adresseront à M. Steube le même reproche qu'à plusieurs autres peintres. Il a bien fait d'exposer de nouveau son *Pierre-le-Grand* (n° 847); mais on aurait desiré savoir quels progrès M. Steube a pu faire depuis ce début d'un très-bon augure.

Au nombre des plus heureux sujets de petits tableaux, il faut compter le n° 863, représentant une anecdote où figurent deux rois. Frédéric-le-Grand écrivait dans son cabinet, tandis que son neveu, le roi de Prusse actuel, alors enfant, jouait au volant. Plusieurs fois le volant tomba sur la table du roi, qui le rejetait toujours au jeune prince. A la fin, il fut impatienté, et mit le volant dans sa poche. Son neveu eut d'abord recours aux prières; mais voyant qu'elles ne produisaient aucun effet, il s'approcha davantage du roi et lui dit, du ton le plus résolu : « Je demande à Votre Majesté si elle veut me rendre mon volant, oui ou non. » A cet *ultimatùm* le héros se mit à rire; puis, toujours fortement préoccupé d'une certaine suite d'idées, il songea au caractère que montrait, dans un âge tendre, un prince destiné à lui succéder un jour : « Tiens, dit-il, en lui rendant le volant, ils ne te reprendront pas la Silésie ».

L'action est bien rendue dans le tableau, et les figures ont de l'expression; mais celle de Frédéric le Grand pourrait être plus ressemblante et mieux dessinée.

N° 896. *Rubens*, par M. Van-Brée. Il est impossible que ce tableau n'occupe pas une place dans quelque riche collection des Pays-Bas. Outre Rubens, l'honneur de l'Ecole, dont la figure est bonne, il représente son élève Vandyck partant pour l'Italie.

Rubens avait voulu lui donner sa fille en mariage ; mais l'illustre élève refusa une union si honorable et si avantageuse. Ce fut, assure-t-on, parce qu'il était amoureux de la mère, femme de la plus rare beauté. Du moins, il s'éloigna, et ne montra pas envers son maître une ingratitude odieuse. Le peintre a placé sur la porte, non sans intention, cette même épouse de Rubens, et a bien rendu son portrait, généralement connu. Le groupe des camarades de Vandyck produi aussi un très-bon effet, ainsi que le lieu de la scène, qui représente une partie des jardins et de la maison, ou plutôt du palais de Rubens à Anvers. La couleur est bonne, la composition expressive. En un mot, c'est un bel hommage rendu à deux grands peintres par un habile artiste leur compatriote.

Sous le n° 935, M. Vernay a représenté le trait de galanterie et de présence d'esprit qui commença, près de la reine Elisabeth, la faveur dont jouit le comte d'Essex, jusqu'à ce qu'il la perdit par sa faute, et périt d'une mort funeste, mais qu'on ne peut considérer comme injuste. Essex étend son manteau sous les pieds de sa souveraine, pour qu'elle puisse, dans le parc d'Hamptoncourt, traverser un terrain humide.

L'action est bien saisie. Le regard de faveur que la reine jette à Essex, l'air modeste et poli du jeune courtisan, le mécontentement que le comte de Leicester, qui donne la main à la reine, s'efforce en vain de dissimuler, tout cela est juste et expressif; mais les figures sont incorrectes. Elisabeth est d'une longueur démesurée, et sa tête est trop petite. Le corps d'Essex, surtout dans la partie inférieure, est mal dessiné. Au reste, avec le talent qu'a M. Vermay, il devrait peut-être choisir de préférence les sujets qui demandent beaucoup d'expression, tels que son *Saint-Louis*, dont j'ai parlé, et sa *Marie Stuart recevant sa sentence de mort*, qu'il a très-bien fait d'exposer de nouveau sous le n° 934. Alors, s'il ne peut pas échapper à des observations critiques, du moins la somme des éloges sera plus forte, en raison de l'intérêt des sujets, bien supérieur à celui qui résulte d'une anecdote ou d'une scène familière.

Quelles raisons ont porté M. Peyranne à ne rien exposer de nouveau? Je l'ignore:

mais son *Apparition d'Ismen à Soliman*, que l'on revoit sous le n° 1383, avait été assez distinguée, il y a deux ans, par de bons juges, pour qu'il s'attachât à mériter encore leurs suffrages.

Il y a du sentiment et de l'expression dans un tableau de madame Sophie Lemire (n° 625), représentant *Rodolphe de Hapsbourg et son épouse, près du berceau de leur fils aîné expirant.*

Les mêmes éloges doivent s'appliquer sans restriction au tableau de madame Servières, représentant (n° 838) *Lancelot du Lac et Geneviève visitant les tombeaux d'Iseult et de Tristan.* Grâce à M. Creuzé de Lesser, et à ses jolis poëmes, nos artistes vont pouvoir traiter plusieurs sujets de chevalerie, qui naguères eussent été absolument inconnus au très-grand nombre des spectateurs.

Portraits.

Ces sortes d'ouvrages sont toujours les plus nombreux, et il serait plus qu'inutile d'en donner les raisons, personne ne les ignore; j'ajoute seulement qu'il en est de ce genre à peu-près comme des romans en littérature ; tant de personnes s'en mêlent que les ouvrages médiocres abondent, et que le genre en souffre dans l'esprit du public.

Ce sera cependant toujours un bien beau talent que celui de fixer sur la toile les traits de monarques vénérés, ou ceux des personnages illustres dont la patrie s'honore. L'hymen et l'amour ont aussi aux peintres de portraits de bien grandes obligations.

Plus heureux qu'un grand nombre d'artistes, M. Gérard a dû à sa célébrité l'inappréciable avantage d'exécuter le portrait du Roi, de grandeur naturelle (n° 425). Ce prince, revêtu du manteau fleurdelisé, est assis et tient son sceptre ; derrière lui est une draperie rouge ; de l'architecture fort bien traitée occupe le fond à droite de la figure.

Il semble que lorsque l'on a dit : tel portrait est de M. Gérard, il ne reste plus rien à ajouter, surtout lorsque l'on doit avoir la certitude qu'il aura épuisé toutes les ressources de son talent ; cependant, puisque les plus beaux ouvrages ne sont jamais sans défaut, j'avouerai que la tête de ce portrait ne répond point entièrement à ce que j'aurais attendu des talens de M. Gérard. J'ai entendu dire, j'ai même lu que la ressemblance était *parfaite*, et j'ai le regret de ne pouvoir souscrire à ce jugement. La ligne d'ombre qui dessine la tête du côté droit me paraît un peu trop tranchante, et les cheveux, je crois, pourraient être plus légèrement traités ; en un mot, l'exécution de cette tête me paraît inférieure à celle des draperies. Je ne critique pas ici pour critiquer ; ce serait presque une absurdité; mais, avec tous les Français, j'aurais desiré que ce portrait du Roi fût le chef-d'œuvre de M. Gérard.

M. Robert-le-Fèvre avait exposé un portrait en buste du Roi fait sans séance et de mémoire. Cette circonstance méritait que l'on ne jugeât pas son travail avec une extrême rigueur ; cependant le tableau a disparu. Ah! pourquoi des gens qui jamais n'approcheront de cet artiste, ne se sont-ils pas jugés avec la même sévérité? nous ne verrions pas au Salon des traits augustes si faiblement, si mal retracés ; mais je veux me livrer au plaisir d'approuver, et je passe au portrait de Monseigneur le duc de Berry, par M. Carle Vernet (n° 937).

La figure est de grandeur demi-naturelle;

le Prince, à cheval, en uniforme du 6e régiment de lanciers, et le sabre à la main, détourne un peu la tête, dans l'attitude du commandement. Quelques officiers sont vus sur le second plan, et dans le fond à droite des troupes manœuvrent.

Tout le talent de M. Carle Vernet se retrouve dans ce portrait; la tête est bien ressemblante; l'attitude aisée, la figure correcte; quant au cheval, on sait avec quelle supériorité M. Carle Vernet peint ces animaux guerriers. Celui-ci est digne de lui; c'est tout dire.

Les figures du second plan et celles du fond m'ont paru moins bien traitées. Qu'elles ne fussent pas aussi soignées, rien de plus juste, et l'art lui-même l'exigeait; mais elles pouvaient ne pas paraître si inférieures à la figure principale.

Le n° 753, par mademoiselle Philipault, n'est pas un portrait ressemblant de Madame, duchesse d'Angoulême; mais du moins cette production, soignée dans toute ses parties, ne blesse et n'afflige pas les regards comme tel autre prétendu portrait de cette auguste princesse, qui, mis au Salon, ôté, remis encore, y est toujours vu avec étonnement par les gens les moins connaisseurs. Tous ceux qui l'ont aperçu sauront bien reconnaître de quel ouvrage je veux parler, sans que je nomme ici l'artiste dont le talent a si mal secondé le zèle.

On voit ou l'on revoit avec empressement plusieurs portraits de M. Giraudet, tels que ceux de MM. Desèze, défenseur du Roi, de Châteaubriant, de Saint-Victor (nos 441, 442, 443), et plusieurs bustes de femmes où l'extrême correction du peintre se fait également admirer.

Il était peut-être impossible que M. Gros surpassât ses portraits de M. le comte et de Madame la comtesse Lasalle, qu'il a exposés de nouveau (nos 478 et 479); mais ceux de M. le comte de la Riboissière et de son fils, dans un même tableau, n° 477, nous montrent de nouveau le coloriste vigoureux et brillant. Le portrait de Madame la comtesse Le Grand (n° 480) sort de la manière ordinaire du peintre. Ayant à placer dans un paysage une dame blonde et d'une carnation très-blanche, M. Gros l'a vêtue d'une robe d'un bleu clair, et a éteint considérablement les tons du paysage; ainsi l'effet total est produit par la vérité des teintes, et non par les oppositions, dans ce tableau où l'on ne voit presque pas d'ombres.

Un assez grand nombre de portraits, anciens ou nouveaux, rendent un brillant témoignage du talent de M. Robert-le-Fèvre (de 795 à 805). Ceux d'un magistrat (796), de M. Carle Vernet (803), et d'une dame qui vient de baigner son enfant (n° 798), sont de ces productions remarquables qui peuvent braver les regards les plus scrutateurs de la critique, et soutenir toute espèce de comparaison.

Le livret n'indique aucun ouvrage de madame Lebrun ; mais quelques jours après l'ouverture du Salon, elle a exposé les tableaux suivans.

Deux portraits de la fameuse lady Hamilton, épouse de l'ambassadeur d'Angleterre à Naples. Dans l'un, cette dame danse en jouant du tambour de basque ; l'autre la représente en Sybille. Un troisième portrait est celui du feu roi de Pologne, Stanislas Poniatowsky ; un quatrième représente une jeune dame jouant de la guitare, et c'est de tous le plus faible. La couleur en est jaune et le dessin assez commun ; mais les deux têtes de la belle Anglaise sont très-expressives, et celle de Stanislas a beaucoup de physionomie.

Le plus beau de tous ces portraits est celui de Paesiello, composant un air de Nina. La tête est superbe, pleine de feu; et le reste, d'une très-belle harmonie, forme l'ensemble le plus satisfaisant.

M. Guérin a peint avec une noble simplicité le portrait d'une dame en campanienne (nº 486).

Il est impossible de trouver une figure plus expressive que celle de la jeune Égyptienne peinte par M. Ducis, nº 354; ses yeux animés, qui peuvent le disputer à ceux de lady Hamilton elle-même, rappellent ces éloges que les poètes d'Orient donnent aux beautés de leurs pays, lorsqu'ils vantent avec tant d'enthousiasme leurs longues paupières noires et leurs *regards de gazelle.*

M. Riesner est comme ces auteurs sages et solides qu'on ne place peut-être pas au premier rang, mais dont il est impossible de ne point faire une mention très-honorable. La vérité, la ressemblance, l'absence de toute affectation caractérisent ses portraits. Ceux d'une dame et de sa sœur prouvent aux spectateurs qu'ils ne furent pas trop vantés lorsqu'ils parurent, et les bustes qui les accompagnent (de 788 à 793) sont dignes d'avoir été faits par le même artiste.

Il faut distinguer encore un portrait fort bien peint par M. Mauzaisse (n° 1376), et ceux de M. Kinson (de 540 à 546), toujours harmonieux et rappelant les ouvrages de l'école flamande. La jeune personne, en paysanne napolitaine (n° 544), est charmante. Je parle ailleurs du beau portrait (n° 683) par mademoiselle Mayer.

Ceux de M. Caminade (de 162 à 166), de M. Bonnemaison (de 120 à 126), de madame de Romance Romany (de 294 à 301), de M. Gounod (de 454 à 459), parmi lesquels est celui de Madame, duchesse d'Angoulême, dessinée de profil ; de M. Van-Gorp (de 904 à 906), de M. Rouget (819 et 820), méritent encore de fixer l'attention ; mais je me hâte de terminer cette nomenclature en disant quelques mots de trois ouvrages remarquables. L'un est un portrait que M. Paulin Guérin a exposé sous le n° 489 *bis*. Il représente une femme coiffée d'un mouchoir de diverses couleurs. Je veux croire qu'étant fort bien peint, ce mérite se fait sentir à ceux qui s'empressent de le contempler; mais l'expression plus qu'animée de cette figure doit aussi y concourir : franchement, je la trouve outrée, puisque l'artiste n'a pas voulu représenter une bacchante.

M. Géricault avait très-bien débuté par son *Hussard chargeant* (n° 433). Il lui a donné pour pendant (n° 435) un *Cuirassier blessé*. Cette figure colossale est animée et peinte avec chaleur; mais les touches en sont par trop apparentes, tant pour la figure de l'homme que pour le cheval; car enfin il n'est pas dit que, pour examiner ce tableau, on doive ne point s'en approcher de plus près qu'une cinquantaine de pas.

Tableaux de Genre ou de Scènes familières.

Une des Croisées de Paris le jour de l'arrivée de S. M. LOUIS XVIII (n° 21). L'idée d'un pareil tableau est heureuse, et l'on peut s'étonner que madame Auzou seule ait songé à la réaliser. Toute agréable qu'est sa composition, elle pouvait, je crois, avoir plus d'intérêt. Il fallait qu'il y eût plus d'enthousiasme, que les expressions des figures fussent plus déterminées; que leur nombre fût plus considérable, qu'elles fussent comme entassées; il fallait enfin reproduire plus nettement ce que l'on voyait à chaque fenêtre le 3 mai. Sous le rapport de l'art, plus d'harmonie n'eût pas été difficile à obtenir, en éteignant quelques clairs un peu trop vifs.

Mais voici bien des critiques; je me hâte d'y substituer des éloges mérités, en parlant de la charmante composition des *Bains de Luxeuil*, n° 24. Tous les épisodes font sourire; il y a de la grace, de la gaîté, combinées avec la décence; et, ce qui me paraît ne pouvoir trop être loué, tout se rattache à une figure principale, celle de cette jeune et jolie femme qui pousse un cri d'effroi, parce qu'en plaisantant une de ses amies paraît vouloir ôter son vêtement. Cette figure d'ailleurs est d'un fort bon style.

Il y a du sentiment, de l'ame dans le tableau de M. Baltaglini (n° 38), représentant *une mère qui, au moment de quitter la vie, bénit ses enfans.*

La Baigneuse, de M. Blondel (n° 108), est

d'un bon goût de dessin ; mais cette tête tournée d'un air dédaigneux, ce bras tendu, cette main qui *pose*, ce mouvement du corps ; tout cela est de la manière, et l'on peut en être surpris, lorsque M. Blondel, dans la *Zénobie trouvée mourante sur les bords de l'Araxe* (n° 109), s'était montré l'ami d'une noble simplicité.

M. Boilly (de 112 à 115) est toujours bon à voir, ou à revoir. Ses petites scènes pétillent d'esprit ; mais pourquoi l'artiste, qui prend si bien la nature sur le fait lorsqu'il s'agit de grouper ses figures, de multiplier les petits événemens d'une réunion de boulevard, d'un intérieur de la cour des diligences, etc., ne cherche-t-il pas à varier aussi les têtes de ses personnages ?

M. Brun peut avoir bien fait de donner un aspect si grave, si réfléchi à ses *nouveaux Mariés qui sortent d'une église* (n° 157) ; le recueillement est là d'obligation ; mais si vous voulez voir une véritable noce ; si vous voulez sourire de l'hypocrite modestie d'une jolie fiancée, de l'air triomphant d'un jeune marié, considérez de nouveau le *Lendemain de noce villageoise*, par M. Taunay, (n° 869) ; personne ne sait mieux que cet artiste vraiment original, animer une toile.

Il y a toujours de la vérité, de la grace dans les tableaux de Mme Charpentier (197 à 200), et la *petite Fille en pénitence*, par Madame Chaudet, fait très-bien de nous remontrer son joli visage. Avec de pareils traits, un jour viendra, un jour qui n'est pas fort éloigné, où elle fera payer à plus d'un soupirant les larmes qu'elle verse en ce moment.

J'ai lu dernièrement dans une feuille publique, que M. Cochereau avait débuté par un chef-d'œuvre. J'ai vu son *intérieur d'une Ecole de peinture* (n° 214), et je n'ai pas trouvé la moindre exagération dans un tel éloge : il est impossible d'être plus vrai dans les détails, et l'on doit de plus tenir compte à l'artiste de l'art avec lequel ses figures sont disposées. Tous ces élèves rangés sur des lignes parallèles, présentaient au premier aspect une sorte de ressemblance dans les attitudes que le peintre a parfaitement esquivée, sans cependant cesser d'être naturel.

Les figures sont si nombreuses et tiennent tant de place dans les tableaux de M. De

Marne, que le paysage n'y est presque jamais qu'accessoire. Peu d'artistes ont une manière aussi facile à reconnaître ; l'esprit et la gentillesse de ses compositions n'empêchent pas de remarquer que ses figures, que ses animaux même se ressemblent. Quand De Piles vit un tableau de l'Albane, il dit qu'il pouvait croire les avoir vus tous. Il faut bien tenir le même langage quand on parle de M. De Marne ; cependant on doit, pour être juste, ajouter qu'on le revoit avec plaisir. Cet artiste fécond a au Salon onze tableaux, anciens ou nouveaux (de 282 à 290).

Dans la dernière moitié du 18e siècle, avant la restauration de l'école, lorsque la peinture d'histoire était à-peu-près nulle, et que Greuze et Vernet, presque seuls, attiraient l'attention et méritaient les suffrages, M. Drolling eût fait, je pense, une bien grande sensation. Son *Marchand Forain*, qui reparaît sous le nº 326, est un tableau de la plus grande vérité. *La Marchande d'Oranges* a en lui un mauvais voisin ; mais on retrouve l'auteur avec tout son talent dans le nº 321, où *une jeune Femme porte des secours à une famille malheureuse*,

C'est cela, c'est la douce pitié qui sait augmenter le prix du bienfait par la modestie et la candeur : elle est belle, cette jeune dame, elle n'a pas l'air de le savoir; quelle délicatesse à elle de n'avoir pris qu'un vêtement simple; l'aspect du luxe importunerait la misère, surtout celle de gens qui n'ont pas toujours mangé le pain de l'aumône.

« Souffrir n'est rien ; c'est tout que de déchoir »,

A si bien dit le grand Voltaire.

Et ce vieillard, comme il est expressif! que la reconnaissance se peint bien sur sa physionomie ! comme on voit que s'il est devenu pauvre, c'est que toujours la probité a présidé à ses actions ! Voilà un de ces tableaux qui font aimer non-seulement le talent, mais le caractère d'un artiste.

Dites votre meâ culpâ (n° 324) est une plaisanterie aimable ; et le bon hermite fait une figure fort bonne dans ce beau fauteuil cramoisi. Mais, M. Drolling, songez y bien, la pécheresse pouvait et devait être plus jolie; le bas de son profil n'est nullement agréable; son coloris est terne; il aurait fallu que l'on pût se dire : avec tant de charmes, pouvait-elle faire autrement? La laideur (après les éloges que je viens de vous adresser, je me permets de trancher ce mot), la laideur ici est un vrai contre-sens.

L'immortel chevalier de la Manche est le héros de deux compositions fort agréables (nos 356 et 357), par M. Duclaux. J'aime surtout celle où, conduit dans une cage, et escorté par deux archers de la Sainte Hermandad, il réfléchit sur son étrange aventure. On le reconnaît; on reconnaît son fidèle écuyer: le but du peintre est atteint.

Tout ce que j'ai dit de la grâce et de la vérité des compositions de Mme Charpentier doit s'appliquer à celles de mademoiselle Gérard (de 426 à 432). Une couleur fine, des formes très-agréables, voilà ce que l'on aime depuis long-temps dans ses tableaux, et ce que l'on trouve dans ceux qu'elle n'avait pas encore exposés, comme dans les autres. Mademoiselle Gérard est une des personnes de son sexe qui font le plus d'honneur à notre école actuelle.

Le *Stella prisonnier*, de M. Granet (no 464), est regardé avec raison comme un excellent ouvrage. Il fait regretter que le peintre n'ait pas exposé cette année quelque autre tableau où l'on eût retrouvé sans doute sa touche ferme et mâle, et sa couleur vigoureuse.

Certaines idées une fois adoptées, il paraît difficile qu'on en adopte de contraires. Rien ne devrait plus surprendre aujourd'hui que de voir traiter sérieusement la *Tentation de Saint-Antoine*. On sait quel chef-d'œuvre du genre burlesque en a fait le génie de Calot. Le Musée possède de Téniers, sur le même sujet, un tableau qui est un de ses plus précieux. Sans atteindre à une exécution aussi parfaite, M. Grégoire a trouvé aussi le moyen de dérider les fronts les plus sévères. Il faut lui savoir gré d'avoir mis en scène des personnages de notre temps. Chez lui, le pieux solitaire est tourmenté par Jeannot, par une dame de la halle, aux appas robustes; un grimacier lui fait entendre son instrument discordant; les ballons aussi jouent un rôle dans cette grotesque réunion, et l'on se doute bien que l'artiste n'a pas omis de soumettre à quelque tribulation le fidèle compagnon du

Saint, « l'animal qui s'engraisse de glands », pour employer la périphrase de Delille. Un méchant petit diablotin s'avise d'en faire sa monture.

Remarquons, au reste, que l'artiste est sourd et muet. Il n'en doit exciter que plus d'intérêt; et l'on aime à penser qu'il a trouvé dans son talent un moyen sûr de ne pas trop sentir ce que son sort a de pénible. C'est là, ce me semble, de la bonne et vraie philosophie.

Deux petits tableaux de M. Grenier pourraient être un peu plus soignés dans les détails (nos 472 et 473); mais l'idée en est heureuse. L'un nous montre *un jeune Conscrit* forcé d'abandonner sa jeune épouse et son enfant, pour servir une ambition effrénée. Que les adieux sont pénibles! Comme tant d'autres infortunés, est-ce pour toujours qu'il quitte ce qu'il a de plus cher au monde? Non, le ciel est apaisé. Le retour du père commun des Français a rendu ce jeune homme à sa famille. Il revient (dans l'autre tableau), il montre avec allégresse la cocarde blanche, dont son chapeau est décoré. C'est pour lui comme pour nous le symbole du bonheur et de la paix. Avec quels transports on l'accueille!

« Voilà nos gens rejoints; et je laisse à penser
» De combien de plaisirs ils *vont payer* leurs peines »,

dirait ici le bon La Fontaine. Ah! leurs transports d'amour seront aussi ceux de la reconnaissance.

Mademoiselle Lescot a donné un digne pendant à son beau tableau du *Baisement de pieds de la statue de Saint-Pierre* (nº 647). Il représente (nº 646) *la Confirmation par un évêque grec, dans l'église de Sainte-Agnès, hors des murs, à Rome.* Cette ville seule pouvait offrir au rare talent de mademoiselle Lescot des basiliques si imposantes, des cérémonies si pompeuses, et cette heureuse variété de costumes pittoresques, dont elle sait tirer un si bon parti. Piquante, harmonieuse, correcte dans son dessin, spirituelle dans ses compositions, mademoiselle Lescot, dont la réputation est désormais solidement établie, se montre dans ce tableau, et dans *un épisode de la Foire de Grotta Ferrata* (nº 648), digne d'elle-même et de ses premiers succès; c'est, ce me semble, faire de ses nouveaux ouvrages un éloge complet et mérité.

On aime à voir se vérifier des conjectures agréables. C'est un plaisir que me procure cette année mademoiselle Mauduit. « On doit beaucoup espérer de son talent », disais-je il y a deux ans; et voici que sa *Mère abandonnée* (nº 677) réalise la prédiction. Debout auprès du berceau où dort un charmant enfant, une femme jeune et belle le contemple avec une tendresse mélancolique. Ses charmes, son titre de mère, n'ont donc pu fixer un volage. Elle tient une lettre : c'est un adieu cruel; un portrait : c'est celui du coupable. J'ignore si mademoiselle Mauduit a voulu faire une épigramme contre une classe d'hommes dont la fidélité, il est vrai, n'est pas aussi renommée que la bravoure; mais je dois avouer que le portrait porte l'uniforme d'officier français. Ce tableau, bien dessiné, d'une couleur séduisante, et très-bien composé, place mademoiselle Mauduit au rang des dames artistes dont on doit le plus attendre de jolies productions.

Fidèle disciple de M. Prud'hon, mademoiselle Mayer, outre ses deux tableaux connus de *la Mère heureuse*, et *la Mère infortunée* (nos 681 et 682), a exposé, sous le no 683, un des plus charmans portraits de femme qui soient au Salon. Il est vrai que le modèle doit être d'une rare beauté; mais il n'y a pas moins de mérite à l'artiste d'avoir si bien su rendre ces traits délicats et cette touchante physionomie.

C'est une belle et bonne scène de mélodrame que M. Pelletier nous a retracée sous le no 744. *Des brigands entraînent dans leur repaire une jeune femme avec son enfant.* Ils ont des figures convenablement féroces, et sous ce rapport, il n'y a rien à dire; mais l'ensemble du tableau est un peu crud.

Il est impossible que M. Taunay ne peigne pas avec une extrême facilité. On croit sentir, en voyant ses tableaux, qu'ils ne lui ont pas coûté de peines. Outre celui dont j'ai parlé plus haut, il en a onze autres anciens ou nouveaux, qui tous méritent des éloges. Mais *la Messe dite pour obtenir la cessation d'une épidémie*, no 865, est une vaste composition où l'artiste n'est pas simplement un peintre de genre. En général, l'ordonnance des tableaux de M. Taunay ne mérite pas moins d'être estimée que le goût de dessin spirituel, la vie et le mouvement de ses figures.

La réputation de M. de Bucourt ne se fonde pas seulement sur ses gravures spirituelles et si connues; comme peintre, il est coloriste très-agréable. Voyez le n° 245, *un Médecin consulté par une jeune Fille* : ignorez-vous quelle est sa maladie? En considérant le père qui s'enveloppe la tête dans son manteau, vous serez au fait, et vous reconnaîtrez-là encore une bonne *espiéglerie* de M. de Bucourt.

Paysages, Vues, Marines et Animaux.

L'ardeur héroïque avec laquelle tant de jeunes artistes s'élancent dans la carrière de l'histoire, n'empêche pas que plusieurs de leurs camarades ne donnent la préférence au genre du paysage, genre si séduisant, si varié et où l'on peut aussi faire preuve de génie : nous avons de plus dans cette partie de l'art des maîtres qui soutiennent honorablement l'honneur d'une école qui a produit Claude Lorrain, Poussin (considéré comme paysa-

giste), Guaspre Poussin, Vernet, etc.
M. Balzac nous transporte (nos 31 et 32) dans des pays célèbres, et où la valeur française a laissé de grands souvenirs. Il nous retrace ces solitudes immenses de l'Egypte, où se voient encore les ruines de la Thèbes aux cent portes, et les indestructibles masses des pyramides; il est seulement triste que les idées que font naître ces ouvrages se rattachent à celle d'une expédition glorieuse sans doute pour nos guerriers, mais impolitique, désastreuse dans ses résultats, et qui n'a laissé parmi tant de familles que d'amers regrets; car voilà ce qu'on en peut dire enfin aujourd'hui, et ce qu'en dira la postérité.

On peut sans sortir de France, sans parcourir la Suisse ou l'Italie, trouver des sites pittoresques. Quelques personnes douteraient-elles d'une vérité si évidente? qu'elles regardent le n° 35; M. Barrigues de Fontanieu y a peint avec beaucoup de chaleur la cascade dite des *Ribes*, en Provence.

M. Bertin et M. Bidauld semblent s'être partagés les plus beaux sites de l'Italie pour nous les retracer avec fidélité; le premier est exact, argentin, et sa touche a de la facilité, comme on peut s'en convaincre par ses tableaux (du n° 78 au n° 85).

M. Bidauld (de 94 à 101) a toujours ces teintes chaudes, ces beaux tons dorés et lumineux qui lui ont acquis la réputation d'un des meilleurs paysagistes ; il est impossible d'avoir un feuiller plus agréable et d'arranger d'une manière plus pittoresque les *Vues* que la nature lui a présentées.

Dessinateur ou peintre, M. Constant Bourgeois est toujours soigné et spirituel ; témoin ses *Vues* exposées depuis le n° 139 jusqu'au n° 44.

Les *Vues* de M. Bauhok (de 132 à 136) sont très-exactes, et la couleur en a de la solidité ; mais dans ces ouvrages, d'ailleurs fort estimables, le passage des clairs aux ombres est quelquefois un peu brusque.

M. Bouton s'était fait tout d'un coup une réputation par un tableau représentant l'intérieur d'une des chapelles du Musée des Monumens français. Je ne sais si sa vue du *Palais dit des Thermes*, ou de *l'empereur Julien*, n'est pas encore supérieure (n° 149) ; l'art du moins ne me paraît pas, en ce genre, pouvoir aller plus loin. Une *vue de la salle du 15e siècle au Musée* (n° 148) est aussi d'une grande beauté; mais je préfère le *Palais des Thermes* : il a quelque chose de vraiment mystérieux, et la statue de Julien, qui se trouve placée au milieu, achève de lui donner un aspect imposant.

C'est dommage que le vert domine un peu trop dans la *vue du jardin du Musée des Monumens français*, par M. Budelot (n° 158), car ce tableau est fort bien composé, et peint avec beaucoup de soin.

Soit que M. Cassas nous transporte au milieu des ruines de Balbeck, ou chez les Maronites du mont Liban, ou près de *l'Isola Bella*, dans le lac Majeur (nos 180, 181, 182), ses gouaches méritent toujours d'être examinées avec une attention extrême; mais sa *vue de Constantinople* (n° 179) me paraît un morceau achevé, une digne représentation d'un des plus magnifiques spectacles de l'univers.

Je ne pense pas que depuis son très-beau tableau du *Naufrage des canots de La Peyrouse* (n° 224), M. Crépin ait rien fait qui le surpasse ou même qui l'égale. Cependant ses autres marines annoncent toujours l'habile artiste, et il y a de grandes beautés dans son *Combat naval au clair de la lune* (n° 224). D'ailleurs M. Crépin a un genre à lui, et c'est beaucoup.

Bien des peintres qui se nomment font des paysages qui ne lutteraient pas avantageusement contre *l'Entrée d'une forêt* (n° 248), par M. de C***, *amateur*.

C'est un superbe *paysage* que celui de feu Denis, dans lequel un *Cheval combat un Taureau* (n° 293). Ce peintre, né à Anvers, s'était fixé en Italie, et, quoiqu'étranger, il n'eut pas à se plaindre ni à se repentir d'avoir pris cette résolutoin. Ses ouvrages furent toujours recherchés et lui procurèrent une heureuse existence. Que d'hommes doués d'un talent très-réel dont on n'a pu en dire autant !

Du n° 333 au n° 348 on ne voit que des *Chevaux* ou des *Paysages*, par M. Dubost. Sans déprécier les autres tableaux, je crois ce n° 333 bien supérieur aux suivans : il est vrai que le sujet en est bien plus piquant ; c'est une *vue de la promenade de Hyde-Park à Londres le dimanche*. On assure qu'il a eu un grand succès en Angleterre : il doit en avoir par-tout.

M. Glover, artiste anglais, a fait au Musée même et près de l'endroit où il est exposé, son paysage (n° 451). Mille personnes ont pu le voir comme moi. C'est une espèce de tour de force qui annonce la grande pratique de cet artiste; mais pour cette raison même, l'ouvrage offre des teintes un peu trop de convention; au reste, le site est riche, et les lointains surtout produisent beaucoup d'effet : quant aux figures, faites comme le reste, sans modèles, elles ont des incorrections très-évidentes.

De 526 à 530, M. Hue a exposé ses Marines dont la réputation est faite, et auxquelles toutefois on peut reprocher de se ressembler un peu. Ceci, au reste, peut être autant le défaut d'un genre nécessairement circonscrit, que celui de l'artiste.

Je n'ai rien compris au n° 594, *Paysage allégorique*, dit M. Le Brun, son auteur, « dont la pensée philosophique est que la paix » s'élève sur les ruines de la guerre ; » tout ce que j'en peux dire, c'est que plusieurs parties m'ont paru bien peintes, d'autres un peu crues, et que je crois l'auteur très-capable de produire un bon ouvrage quand il voudra régler son imagination, et ne pas nous donner des logogriphes pour des tableaux.

J'ai déjà parlé d'un tableau de M. Lecomte : ses *Vues* (de 600 à 604) justifient ce que j'ai dit alors de son talent en général, et j'y songeais lorsque je lui ai rendu cette justice.

M. Melling a représenté (de 686 à 692) plusieurs *Vues* de Hollande, qui, pour la plupart, présentent des aspects singuliers, et qui toutes sont rendues avec un talent très-exercé.

On sait assez que M. Ommeganck d'Anvers est le Paul Potter de nos jours. Ses tableaux sont recherchés dans les collections comme si depuis cent ans cet artiste n'existait plus. Il ne s'est point montré inférieur à lui-même dans ses deux tableaux (n°s 727 et 728). Bien des personnes ne voient pas une grande fécondité d'imagination dans ces peintures successives de moutons dans un paysage éclairé du soleil. Elles ont raison, sans doute ; mais c'est toujours un grand mérite que d'atteindre un si haut degré de perfection, même dans un genre borné. M. Bérré est plus varié dans ses tableaux d'animaux, qui d'ailleurs sont d'une très-bonne couleur (de 60 à 68).

M. Prevost ne se borne pas à ses *Panoramas* qui attirent la foule, et, dans le fait, ce doit être un jeu pour lui que de peindre des paysages. Il en a deux bien composés et d'une bonne couleur, sous les nos 766 et 767.

Un *Temps orageux*, par M. Regnier (no 779), est une vaste composition, et, ce qui vaut mieux encore, un tableau fort recommandable.

On ne peut parler de paysagiste en possession de plaire, sans nommer le fécond et spirituel M. Swebach, dit Fontaine. Onze tableaux de lui (de 852 à 862) obtiennent de nouveau les suffrages des connaisseurs.

M. Le Comte Turpin de Crissé est toujours brillant dans sa couleur et heureux dans le choix de ses sites (voyez du no 883 au no 885).

Soit à cause de la difficulté du sujet et des sentimens douloureux qu'il inspire; soit en raison de la juste réputation de l'artiste, nul paysage n'a plus souvent fixé mes regards que l'*Eruption du Vésuve* (893), par M. Valenciennes. C'est celle qui eut lieu en l'an 79 de l'ère vulgaire; celle qui fit disparaître, qui engloutit avec tous leurs habitans les malheureuses cités d'Herculanum, Pompeïa et Stabia; celle enfin par laquelle périt Pline le naturaliste, victime de son ardent amour de la science. Cette affreuse catastrophe est rendue de main de maître. Ces femmes, ces enfans qui fuient leurs maisons prêtes à les écraser sous leurs débris ; cette mer orageuse et qui reflète la terrible lueur des flammes ; ces fleuves de lave bouillonnante ; ces pierres lancées à une hauteur prodigieuse, tout cela saisit, fait frissonner, et semble être comme un épisode ou un pronostic de la destruction du monde.

Deux tableaux de feu Vander Buch (902 et 903) sont d'une couleur bien suave et bien vraie ; et les figures que M. Taunay y a placées en augmentent encore le prix.

On dirait que les tableaux de *neiges* appartiennent exclusivement par quelque pacte secret à M. César Vanloo, et que ses confrères sont convenus de ne jamais ou presque jamais traiter ces sortes de sujets, à condition que pour lui trois des quatre saisons de l'année n'existeraient pas. Si cet artiste voyageait jamais dans les pays chauds, serait-il donc réduit à une inaction absolue ? Sérieusement, les *Neiges* de M. César Vanloo sont très-bien traitées ; et c'est toujours là imiter la nature (voyez de 907 à 913).

Les *Intérieurs* et les *Ruines* de M. Vauzelle sont des gouaches très-jolies, et il sait les orner de figures qui ne le sont pas moins (de 225 à 229).

Il y a de la poésie dans la composition des paysages de M. Watelet (de 967 à 969), et la couleur en est vigoureuse.

A ses talens comme architecte et dessinateur d'architecture, M. Baltard joint celui d'un bon paysagiste. Il suffit pour s'en convaincre de jeter les yeux sur les nos 1340 et 1341.

Les *Oiseaux* de Mme Knip (de 547 à 549), de feu M. Barraban et de M. Auguste (nos 33 et 34, 16 et 17) remplissent l'idée que l'on se forme d'une excellente imitation. Ce sont dans leur genre de bons portraits.

Fleurs et Tableaux de nature morte.

Dire que les *Fleurs* et les *Fruits* de M. Vandael (nos 899 et 900), et Corneille Van-Spaendonck (de 951 à 917) sont la nature même, et absolument des Van-Huysum, c'est dire ce que tout le monde sait; mais je recommanderai aussi à ceux qui n'ont point une admiration exclusive un tableau de *fleurs* (n° 914), et un de *nature morte* (n° 1398), par

M. Van-Os. Je leur ferai avouer facilement que le *Groupe de Fleurs et de Fruits sur des ruines* (n° 518), par M. Hirn est une des plus belles productions de ce genre. Ils remarqueront sans doute aussi les fleurs à l'aquarelle (n° 957) si bien peintes par Mme Vincent, et le beau tableau de M. Redouté (n° 778).

Miniatures, Gouaches, Dessins.

M. Isabey n'a rien exposé; mais les autres artistes qui cultivent avec succès ces diverses parties d'un art si vaste, et où l'on peut parvenir à la gloire par plusieurs routes, ont bien soutenu leur réputation. M. Augustin a dû à son rare talent l'avantage d'exécuter les portraits du Roi, de Mgr le duc de Berry et de Mgr le duc d'Orléans (n° 18); il n'est pas nécessaire d'insister sur le fini précieux de ces ouvrages; mais je crains bien qu'un rouge trop vif ne domine en général dans les carnations, et surtout dans celle du premier portrait.

M. Aubri (n° 14) est toujours correct; M. Saint (de 823 à 828) a toujours cette manière large, historique, vigoureuse pour laquelle, je l'avoue, je me sens une affection toute particulière. MM. Muneret, Hollier, Mademoiselle Hue du Bréval et d'autres encore, méritent des éloges ; mais l'impossibilité de décrire leurs ouvrages me reduirait à n'en faire qu'une froide nomenclature, copiée du *livret*, si je ne prenais le parti de ne m'y pas beaucoup arrêter : je dirai pourtant que, dans ce joli genre des aquarelles, qui a fait tant de réputation à M. Isabey, M. Muneret a exposé entr'autres un charmant portrait de femme. M. Hesse marche aussi dans la même route d'un pas très assuré ; et parmi ses miniatures il est juste de ne pas passer sous silence une *Hébé*, figure entière d'un très-bon goût de dessin (nº 513).

Il est impossible de mettre plus d'esprit dans des dessins qu'il n'y en a dans ceux de M. De Senne : aussi s'est-il chargé de faire ceux dont les gravures décorent les volumes de *l'Hermite* de la Chaussée d'Antin (voyez le cadre nº 305) : c'était le seul moyen de pouvoir ajouter quelque agrément à ce charmant ouvrage.

Je m'arrêterais aux dessins de M. Casimir Karpff, s'il en avait exposé de nouveaux ; mais il ne l'a pas fait, et c'est un tort ; car les siens méritent d'être recherchés (voyez au reste le cadre n° 176). Le *livret* n'indique rien de M. Fragonard ; mais un *Pyrrhus aux pieds du roi d'Illyrie*, et *une Psyché montrant ses richesses à ses sœurs*, n'auraient pas besoin de porter son nom pour qu'on les lui attribuât : on y reconnaît sa grace, son bon goût de dessin, et sa manière spirituelle de composer : on y retrouve aussi sans doute cet extrême fini qu'on lui a si souvent reproché ; mais c'est un parti pris ; et il faut du moins avouer que ce fini ne donne pas toujours à ses productions la froideur qui semblait y être inévitablement attachée. Il ne s'agit plus d'examiner si M. Fragonard aurait mieux fait d'adopter une autre manière, et son talent est assez réel pour faire du moins excuser ce que la sienne peut avoir de défectueux.

Sculpture.

Bien plus lente que la peinture dans ses opérations, la sculpture devait souffrir plus qu'elle des circonstances où nous nous sommes trouvés. Aussi ne doit-on pas s'étonner qu'il y ait si peu de nouveautés dans un art où des encouragemens certains sont à-peu-près nécessaires pour que les hommes de talent puissent soumettre leurs productions au public.

La plus remarquable des statues nouvelles, sans nulle comparaison, est *l'Hercule combattant Acheloüs déguisé en serpent* (nº 1421). On sait que M. Bosio, son auteur, avait dessein de ne la montrer que dans son atelier et moyennant une rétribution. La France n'est guère le pays où ces spéculations, du reste fort légitimes, peuvent réussir; quoi qu'il en soit, s'il se contente de voir cet ouvrage ajouter beaucoup à sa réputation, il a lieu d'être satisfait.

La figure est colossale. De la main gauche, le fils de Jupiter presse fortement le gosier du monstre, et de la droite qu'il tient élevée, il s'apprête à le frapper. Quand nous avons le bonheur de posséder les *types* anciens de quelque figure de divinité, les sculpteurs modernes ne croient pas devoir beaucoup s'en écarter; cependant ici *l'Hercule Farnèse* n'a pas été servilement copié par M. Bosio; la plus forte ressemblance est celle de la tête: dans le reste de la figure, quoique l'artiste moderne se soit appliqué à exprimer la force irrésistible du demi-dieu, il s'est plus rapproché que Glycon, auteur de l'Hercule antique, des formes de la nature individuelle; c'est surtout par la saillie des veines que l'on s'en aperçoit. Les anciens les exprimaient rarement dans leurs figures héroïques; l'un et l'autre parti peuvent avoir leurs avantages, surtout quand ceux qui aiment à s'écarter de l'idéal ont soin, comme M. Bosio, de conserver aux formes de la grandeur et de la noblesse. Cette statue, qui n'est encore qu'en plâtre, est très-digne d'obtenir les honneurs de l'exécution en marbre.

Maintenant, il ne me reste plus guère qu'à indiquer des statues exécutées depuis plus ou moins long-temps, et toutes déjà soumises à l'examen, telles que le modèle de la belle figure de la *pudeur*, par M. Cartellier, *l'Hyacinthe blessé* de M. Callamard, le *Philoctète* de M. Gois (n°s 1025, 1023 et 1064), et plusieurs statues en pied de généraux français.

Les bas-reliefs ne sont pas nombreux: M. Giraud en a exposé un en marbre représentant *Ethra qui pleure sur la tête de Phalante, son époux* (n° 1063): ainsi fut accompli un oracle, ambigu selon l'usage:

il avait prédit à ce Lacédémonien qu'il ne s'emparerait de Tarente que lorsque, dans un temps serein, il pleuvrait sur sa tête. A part la singularité du fait et la posture à laquelle il oblige les personnages, ce bas-relief est d'un beau travail, et les formes sont très-pures.

En attendant que la sculpture puisse offrir en pied la figure du Roi, les artistes se sont empressés du moins de multiplier ses bustes. Ils occupent, dans la galerie d'Apollon, toute une table. Sans doute MM. Bosio, Flatters, Romagnesi, et autres à qui on les doit, sont des hommes de talent; mais on ne peut s'empêcher de faire une observation: c'est que ces bustes, exécutés avec tout le soin dont les artistes ont été capables, présentent entr'eux d'assez grandes différences; d'où l'on doit nécessairement conclure que, du moins pour la plupart, la ressemblance n'est pas exacte. Cette réflexion n'a rien de flatteur pour les artistes; mais j'avance un fait qu'il est impossible de nier.

Comme on ne s'attend pas que je fasse la liste de tous les portraits sculptés, je me contenterai de désigner encore un beau buste de

Henri IV, par M. Milhomme (n° 1115), ceux de Louis XVI et de Louis XVII, par M. de Seine, et celui de MONSIEUR, comte d'Artois, par M. Romagnesi (n° 1134). Parmi ceux que l'on sait gré aux artistes d'avoir exposés de nouveau, il faut distinguer celui de M. Ducis (n° 1145). C'est sans contredit l'une des têtes en marbre que M. Taunay doit le plus s'honorer d'avoir animées par son ciseau.

Architecture.

Depuis quelques salons, l'exposition des dessins d'architecture est moins nombreuse qu'autrefois. Relégués dans des places peu favorables, et n'attirant guère les regards du public, ces ouvrages ne semblent être là que pour attester aux amis des arts l'état florissant d'un des plus nobles de tous, et très-certainement du plus utile. D'ailleurs, représentant le plus souvent ou des édifices connus, ou des *projets* qui le sont aussi, parce qu'ils ont été publiés dans des collections, ils ont rarement cette sorte d'attrait qui en tout dérive de la nouveauté. Je m'arrêterai donc peu à cette partie de l'exposition. Il me suffira d'indiquer les dessins de MM. Vaudoyer et Baltard (nos 1208 et 1430), deux projets de tombeaux à ériger en l'honneur de Louis XVI et de sa famille. De tels monumens seront sans doute réalisés; et si M. Le Bas, ou M. Toussaint n'obtenaient pas l'honneur d'y attacher leurs noms, on ne pourra du moins leur contester celui d'avoir eu l'initiative. (*Voyez* nos 1205 et 1433).

Gravure.

Ce Salon en offre de très-belles, mais pour la plupart connues, telles que *l'Endymion*, de M. Girodet, gravé par M. Chatillon (no 1244), et l'*Offrande à Esculape*, d'après M. Guérin (no 1245), par le même; trois estampes d'après Raphaël, par M. Auguste Desnoyers; *Henri* IV, d'après le tableau de Porbus, qui est au Musée, par M. Goulu (no 1271); un Lesueur, un Jules-Romain et un Raphaël (nos 1288, 1289, 1290), par M. R. U. Massard, etc., etc.

Madame Giacomelli a composé, dessiné et gravé une suite de sujets d'après Sophocle, dont on voit les estampes sous le no 1267. Moins originales peut-être, et surtout moins piquantes que ses compositions tirées du Dante, celles-ci sont recommandables par un bon goût, et le vrai style de l'antique.

On doit à MM. Audouin, Potrelle, et David, graveur du Cabinet du Roi, les portraits de Sa Majesté (1232, 1310 et 1248). M. Andrieu a exposé des médailles (n° 1440) ; et sous le n° 1442, on en voit de M. Brenet, où cet artiste a célébré le retour du Roi, ainsi que son entrée à Paris.

FIN.

TABLE.

www.ingramcontent.com/pod-product-compliance
Ingram Content Group UK Ltd.
Pitfield, Milton Keynes, MK11 3LW, UK
UKHW021537260726
13993UKWH00002B/550